«Un libro hermoso, lleno de esperanza, sabiduría práctica e historias reales que ayudan a navegar la crianza espiritual de los hijos. Estoy muy agradecida por un recurso como este, que instruye a los padres sobre cómo abordar la crianza espiritual ofreciendo muchos desafíos, gracia e invitaciones a la libertad. La fuente de motivación no es la ansiedad, el miedo o la vergüenza, sino la esperanza real de Jesús, quien está presente en nuestros hijos, sin importar su edad, y en todas las formas en que Dios los hizo únicos. Que todos estemos mejor equipados para amar a nuestros hijos, de modo que puedan conocer al Dios que los ama a ellos, a sus amigos y a sus comunidades».

Sarah Shin, autora de *Beyond Colorblind*

«Nos habría encantado tener *Enseñen bien a sus hijos* mientras criábamos a nuestros hijos. Este es un libro práctico, de batalla, de una madre que ha puesto en práctica lo que escribe. Sarah es divertida, sabia, reflexiva y genial al usar diagramas que proporcionan un camino a seguir en la crianza de tus hijos. No se trata de crear el "hijo cristiano ideal", sino de cómo recibir al hijo que se te ha dado para que puedas colaborar con Dios en el crecimiento, la formación y la celebración de este niño. Si estás buscando un recurso para la crianza de tus hijos que sea teológicamente sólido y lleno de astucia para el desarrollo, necesitas *Enseñen bien a sus hijos*».

Doug y Adele Calhoun, coautores de *Spiritual Rhythms for the Enneagram*

«*Enseñen bien a sus hijos* está escrito para cualquiera que conozca a un niño. Aunque está dirigido a los padres, cualquier adulto que comparta la pasión por guiar a los niños hacia una relación madura con Jesús puede beneficiarse de este contenido. Sarah entiende la influencia que los padres tienen en la dirección de sus hijos en cada edad y etapa de su desarrollo. Las preguntas para reflexionar al final de cada capítulo les brindan a los padres, pastores y líderes de la iglesia una oportunidad para procesar el contenido y aplicarlo de forma práctica e inmediata. Mi oración junto con la de Sarah es que realmente enseñemos a nuestros hijos bien».

Virginia Ward, decana del campus de Boston del Gordon-Conwell Theological Seminary

«Este libro está tan repleto de buenas ideas que se desbordan de las páginas. Un recordatorio lleno de gracia de que cuando se trata de discipular a los niños, el papel de los padres es irremplazable. Amén a eso».

Justin Whitmel Earley, abogado corporativo y autor de *The Common Rule*

«Si estás buscando un libro que equipe y capacite a los padres para preparar a sus hijos para una vida con Dios, este es ese libro. Sarah Cowan Johnson une lo intelectual y lo espiritual en este perspicaz manual lleno de lecciones sabias para el discipulado de los niños y las familias. *Enseñen bien a sus hijos* incluye ideas creativas e historias auténticas para cada etapa del desarrollo».

Lacy Finn Borgo, autora de *Spiritual Conversations with Children* y *All Will Be Well*

«El instinto de Sarah Cowan Johnson es absolutamente acertado: los padres pueden ser la presencia pastoral más importante en la vida de sus hijos. Nuestros hijos necesitan algo real a lo cual aferrarse, ya sea de nuestra propia vida con Dios, de sus propios momentos de conexión con Dios o de los momentos cotidianos en los que Dios está cerca. Dios está siempre muy cerca de nosotros. Este libro es una guía práctica que ayuda a los padres a facilitar el hábito de percibir a Dios en los pequeños momentos de la vida cotidiana. Sin duda, este libro ayudará a los padres en la labor del acompañamiento espiritual de sus hijos».

Jared Patrick Boyd, autor de *Imaginative Prayer: A Yearlong Guide to Your Child's Spiritual Formation*

«Si somos sinceros, durante mucho tiempo hemos encargado gran parte de lo que significa criar a nuestros hijos a instituciones como la escuela, los medios de comunicación y la iglesia. No lo hacemos intencionalmente, simplemente es la norma que finalmente hemos aceptado. Como resultado, incluso padres bien intencionados perdemos a diario oportunidades de formar los corazones, las mentes y la fe de nuestros hijos. En *Enseñen bien a sus hijos*, mi amiga Sarah Cowan Johnson ofrece un camino mejor. Este libro, basado en las experiencias de la vida pastoral y maternal de Johnson, ofrece estrategias teológicamente sólidas e increíblemente prácticas. Es un recurso oportuno que dará a los padres la claridad y la confianza necesarias para ser los principales formadores de discípulos de sus hijos».

Shaun Marshall, pastor y autor de *Transition Decisions: How to Get Unstuck, Embrace Change, and Make Your Next Move Now*

«Para un tiempo como este y para un mundo como este, *Enseñen bien a sus hijos* de Sarah Cowan Johnson es un libro oportuno que revolucionará tu forma de criar a tus hijos y de pensar en el discipulado de los más jóvenes. Con su escritura bella y honesta, Sarah comparte su viaje de crianza y ofrece un "GPS de discipulado" bíblico, relevante y claro que guía hacia un ecosistema de crianza saludable. Sarah muestra una ruta que verdaderamente está centrada en la práctica de la crianza espiritual basada en fundamentos y, al mismo tiempo, aborda los problemas del mundo real a los que se enfrentan los padres cada día. Léelo con avidez: este libro cambiará la forma en que crias a tus hijos».

Tim Ciccone, director de ministerio de jóvenes de Evangelical Covenant Church

«Brindarle a los padres lo que necesitan para discipular a sus hijos quizás sea la tarea más importante para preparar a la iglesia para el próximo gran movimiento de Dios. Este libro es mi primera elección para esa tarea. Me emociona imaginar cómo este libro podría brindar herramientas útiles a una generación de familias que se enfrentan a uno de los tiempos espiritualmente más desafiantes de la historia de nuestro país».

Ryan Pfeiffer, pastor principal de North Coast Calvary Chapel y coautor con James Choung de *Longing for Revival: From Holy Discontent to Breakthrough Faith*

SARAH COWAN JOHNSON

ENSEÑEN BIEN A SUS HIJOS

Una guía práctica para el discipulado familiar

Traducido por Sofía Castillo
y Livia Giselle Seidel

InterVarsity Press
P.O. Box 1400 | Downers Grove, IL 60515-1426
ivpress.com | email@ivpress.com

Traducción al español ©2025 por InterVarsity Press, LLC

Teach Your Children Well edición en inglés ©2022 por Sarah Cowan Johnson

Todos los derechos reservados. Ninguna parte de este libro puede ser reproducida en ningún formato sin el permiso escrito de InterVarsity Press.

InterVarsity Press® es la división editorial de InterVarsity Christian Fellowship/USA®. Para más información, visita intervarsity.org.

Todas las citas bíblicas, a menos que se indique lo contrario, son tomadas de la Santa Biblia, NUEVA VERSIÓN INTERNACIONAL® NVI® © 1999, 2015, 2022 por Biblica, Inc.®

Usado con permiso de Biblica, Inc.® Reservados todos los derechos en todo el mundo.

Aunque los relatos e historias en este libro son verdaderos, es posible que algunos nombres y otros datos que puedan identificar a una persona hayan sido cambiados para proteger la privacidad de los individuos.

Las figuras dibujadas a mano fueron realizadas por la autora.

La editorial no puede verificar la veracidad o el funcionamiento de páginas web o enlaces usados en este libro más allá de su fecha de publicación.

Diseño de carátula: Faceout Studio, Tim Green
Diseño del interior: Daniel van Loon

Traducción y edición: Sofía Castillo y Livia Giselle Seidel

ISBN 978-1-5140-1250-5 (físico) | ISBN 978-1-5140-1251-2 (digital) |
ISBN 978-1-5140-1275-8 (audiolibro)

Library of Congress Cataloging-in-Publication Data
Names: Johnson, Sarah Cowan, 1981- author.
Title: Enseñen bien a sus hijos : una guía práctica para el discipulado familiar / Sarah Cowan Johnson.
Other titles: Teach your children well. Spanish
Description: Downers Grove, IL : IVP Español, [2024] | Translation of: Teach your children well. | Includes bibliographical references.
Identifiers: LCCN 2024042553 (print) | LCCN 2024042554 (ebook) | ISBN 9781514012505 (físico) | ISBN 9781514012512 (digital) | ISBN 9781514012758 (audiolibro)
Subjects: LCSH: Christian education of children. | Parenting–Religious aspects–Christianity. | Child rearing–Religious aspects–Christianity.
Classification: LCC BV1475.3 .J6413 2022 (print) | LCC BV1475.3 (ebook) | DDC 248/.845–dc23/eng/20241113
El registro catalográfico de este libro está disponible en la Biblioteca del Congreso.

Para mamá

Sigo queriendo ser como tú
cuando sea mayor.

CONTENIDO

Introducción   1

1 La mala noticia   11

2 Un poco de levadura   28

3 La buena noticia   42

4 Discipulado receptivo   58

5 Corazones sucios y la ansiedad de Aslan: Cómo guiar a nuestros hijos a través de los momentos de conexión con Dios   75

6 Discipulado proactivo   100

6¾ Una introducción a John Westerhoff   113

7 Edades de 0 a 6 años: La etapa de la fe por experiencias   115

8 Edades de 7 a 11 años: La etapa de la fe por vínculos   137

9 Edades de 12 a 18 años y más: Las etapas de la fe inquisitiva y la fe propia   154

10 Cómo utilizar la 'Primera Guía de Ruta'   177

11 Llévate estas ideas: Prácticas compartidas en familia   193

12 Seguimiento   214

Agradecimientos	229
Apéndice A: Primera Guía de Ruta	231
Apéndice B: Guía de Ruta Familiar	243
Notas	247
Bibliografía	253

INTRODUCCIÓN

VIVO EN PROVIDENCE, Rhode Island, con mi esposo y mis dos hijos. Para llegar a nuestra casa desde la autopista, solemos tomar la salida de Douglas Avenue, que nos lleva por Smith Hill hasta Elmhurst. También nos lleva a pasar frente a Foxy Lady, un establecimiento que anuncia su desayuno de las 6 de la mañana «Legs and Eggs» [Piernas y huevos] en un cartel en el que aparecen no uno, sino dos pares de sensuales piernas de mujer con enormes zapatos de tacón negros.

Sabía que un día escucharía la pregunta desde el asiento de atrás: «Mamá, ¿qué es Foxy Lady?». No quería mentirles. Quería explicarles yo misma lo que son los clubes de *striptease* antes de que algún niño les enseñara un video con su teléfono en la parte de atrás del autobús escolar. Para ser sincera, quería que mis hijos relacionaran la idea de la «Foxy Lady» con una distorsión de la manera en que Dios ve a las mujeres y sus cuerpos, y quería que esa conexión se grabara profundamente en sus cerebros en desarrollo. Así que respiré profundamente e hice lo que pude. Les dije que era un lugar donde los hombres pagaban dinero para que las mujeres se quitaran la ropa y que no era un buen lugar para ellas. Se quedaron horrorizados. Uno de ellos sugirió que llamáramos a la policía. Les respondí que no era ilegal (lo que provocó aún más sorpresa). Rechacé otras sugerencias relacionadas con pistolas y lanzallamas. Al final, les dije que podían hacer lo que yo hago cada vez que paso por allí: orar para que ese lugar cierre.

Criar a la siguiente generación de seguidores de Jesús no es tarea fácil. Guiarlos a tener su relación madura con Jesús propia es el mayor regalo que podemos darles y, además, al final de nuestras vidas, y de las suyas, será lo único que realmente importará. Sin embargo, a veces el camino no parece claro o está colmado de obstáculos, como un cartel publicitario inoportuno.

Sin embargo, esta es la cuestión: nuestra vida está llena de oportunidades para discipular a nuestros hijos. De hecho, ya sea que los discipulemos o no, ciertamente *serán* discipulados: por carteles publicitarios, por otros niños en la parte trasera del autobús escolar o por un mundo que no conoce a Jesús ni su amor.

Silas, que al momento de aquella conversación tenía seis años, estaba prestando mucha atención. El impacto de este momento de discipulado fue tan significativo que unos días después nuestra niñera nos contó la siguiente conversación:

Silas: ¿Has escuchado de Foxy Lady?

Ashley: [Quien pensó que no había modo en que se estuviera refiriendo al *lugar* Foxy Lady y que la pregunta se refería a algún tipo de personaje de televisión]. No, creo que no...

Silas: Ashley, *nunca* vayas a ese lugar. Allí hay hombres que intentarán pagarte dinero para que te quites la ropa. Prométeme que nunca irás allí.

Estábamos en parte avergonzados, en parte muertos de risa y en parte increíblemente orgullosos de que, a su manera de niño de seis años, Silas estuviera haciendo todo lo posible por mostrarle amor a su niñera.

Este libro está dirigido a padres, padrastros, padres adoptivos, abuelos, tíos y tías (biológicos o espirituales), y a todos aquellos que desean que nuestros hijos —ya sean «nuestros» específicamente o colectivamente— aprendan a caminar con Jesús durante el resto de sus vidas.

Introducción

Este libro es para padres solteros que desempeñan varios roles a la vez, para parejas casadas que viven en casa con sus hijos, para familias ensambladas, para familias en las que los abuelos desempeñan un papel importante en la crianza de los niños, y para aquellas en las que los abuelos se conectan por videollamada a miles de kilómetros de distancia. Es para padres de recién nacidos y de adolescentes; para quienes tienen un hijo único y para quienes tienen un equipo entero de fútbol sentado a la mesa.

Este libro es para quienes llevan años amando y siguiendo a Jesús, y para quienes aún están descubriendo su propio camino espiritual.

Este libro está diseñado para ayudarnos a abrazar nuestro llamado como padres a guiar a nuestros hijos hacia una relación madura con Jesús.

A MAYOR GRACIA, MAYOR DESAFÍO

Soy tan fan de las cuadrículas de matrices de dos por dos, que mis amigos bromean que debería tatuarme una cuadrícula en blanco en el antebrazo. De esa manera, cada vez que necesite una matriz en una conversación, solo tendría que levantar el brazo.

Para esta conversación en particular, es esencial que tengamos los valores de la Gracia y el Desafío a la mano. La Gracia expresa: «Acércate tal como eres y deja que Dios te encuentre allí donde estás». El Desafío dice: «No podemos hablar de algo tan crítico sin intentar hacer algo al respecto». Cuando estos dos valores se cruzan, forman una cuadrícula con cuatro cuadrantes: la matriz Gracia/Desafío.

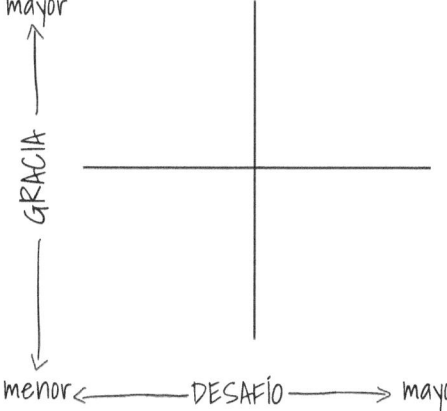

El cuadrante inferior izquierdo, «menor Gracia, menor Desafío», es lo que yo llamo el cuadrante del Estancamiento, un lugar donde el crecimiento es escaso o nulo. Sin la gracia, este cuadrante es frío y sombrío, pero sin un desafío, no hay ningún incentivo para abandonarlo. Los padres que se encuentran en este cuadrante constantemente sienten que su vida espiritual es un fracaso (aclaración: no es cierto) pero tienen poca motivación para intentar algo nuevo.

El cuadrante superior izquierdo, «mayor Gracia, menor Desafío», es lo que yo llamo el cuadrante «Todo listo». A primera vista, este cuadrante parece cálido y acogedor. En este cuadrante hay libertad, aceptación y bienvenida. Sabemos que somos amados tal como somos sin importar nuestros logros como padres. No obstante, el lado oscuro de este cuadrante es que, sin desafío, es tan inmóvil como el cuadrante del Estancamiento. Los padres en este cuadrante abogan por discipular con un enfoque de no intervención en aras de la libertad, pero a menudo se sienten inseguros sobre cómo intervenir cuando surgen desafíos.

Por otro lado, el cuadrante inferior derecho, «menor Gracia, mayor Desafío», tiene el problema opuesto. Este es el cuadrante de la Vergüenza. Aquí hay mucha actividad. Es un cuadrante de movimiento constante, evaluación implacable y esfuerzo inacabable. Siempre hay algo más que hacer y nunca estamos a la altura de nuestros propios estándares. Los padres en este cuadrante quieren hacerlo todo bien y llevan sobre sus hombros el peso del futuro espiritual de sus hijos.

El cuadrante al que aspiramos es el superior derecho, «mayor Gracia, mayor Desafío», el cuadrante de la Libertad. Aquí es donde el cambio real es posible. En este cuadrante sabemos que somos amados y aceptados tal como somos. Pero también sentimos una invitación a aprender, crecer y experimentar. Sabemos que a medida que ayudemos a nuestros hijos a seguir a Jesús podremos cometer errores, pero nos sentimos seguros a pesar de nuestras imperfecciones. En este entorno, prosperaremos tanto nosotros como nuestros hijos. En este cuadrante, los padres sienten que son libres para crecer como discípulos de Jesús, incluso mientras discipulan a sus propios hijos.

El camino hacia la Libertad será diferente para cada uno de nosotros en función de nuestro punto de partida. Si no te molesta escribir en tus libros, pon una pequeña X en el cuadrante donde te encuentras regularmente. Luego dibuja una flecha desde esa X hasta el cuadrante de la Libertad. En la sección «Preguntas para reflexionar», al final de este capítulo, te ayudaré para que pienses en formas concretas de fomentar el desplazamiento a lo largo de esta flecha, pero aquí tienes un par de ideas para empezar:

- Para quienes vivimos en el cuadrante del Estancamiento, necesitaremos recibir más gracia *y también* más desafío para este viaje. Necesitaremos recordar que nuestra relación con Jesús es un regalo gratuito de la gracia, pero que al mismo tiempo se nos invita, como dice Pablo en Filipenses 3:16, a que «andemos de acuerdo con lo que ya hemos alcanzado». Quizás al principio esta paradoja nos parezca difícil de aceptar —que no podemos ganar este regalo por nuestro esfuerzo, si bien nuestro esfuerzo es importante— y es posible que en nuestro camino hacia el cuadrante de la Libertad nos desviemos hacia otros cuadrantes. Si eso ocurre, ¡recuerda no quedarte ahí! Podría ser útil meditar en este pasaje de Filipenses y considerar lo que significa «sigo adelante esperando alcanzar» (desafío) «aquello para lo cual Cristo Jesús me alcanzó a mí» (gracia) (v. 12).

- Si comenzamos nuestro viaje desde el cuadrante «Todo listo», tendremos que presionarnos (ligeramente) a actuar e involucrarnos. Puede ser útil reconocer las realidades dolorosas o incómodas de tu vida familiar en las que te gustaría ver un cambio, en lugar de seguir escondiéndolas bajo la alfombra. Puedes escribir en un diario sobre ellas o incluso crear una especie de tablero de visión para tu familia que te sirva de motivación y en el que plasmes una imagen concreta del futuro que te gustaría ver hecho realidad. Santiago 2:17 es un útil recordatorio de amonestación en cuanto a que «la fe por sí sola, si no tiene obras, está muerta».

- Si vivimos en el cuadrante de la Vergüenza, la invitación que se nos extiende es a recordar que somos humanos. A veces, de forma contraintuitiva, ser incapaces de recibir gracia puede ser en realidad un síntoma de orgullo. Si luchas constantemente por sentirte bien contigo mismo, si eres demasiado autocrítico y tiendes a castigarte por cada pequeño error o paso en falso, puede ser una indicación de que estás utilizando una vara de medición que ningún ser humano excepto Jesús podría alcanzar jamás. El primer paso hacia la Libertad consiste en admitir que no eres perfecto y que nunca lo serás. Y el segundo es reconocer que este hecho no te hace menos merecedor del amor y la gracia de Dios, sino que es el principal requisito para ello. Puede ser útil reflexionar sobre 2 Corintios 12:9-10 para recordar que el poder de Dios se perfecciona en la debilidad humana.

DESCONTENTO SANTO

Advertencia: puede haber momentos en los que la lectura de este libro saque a la luz un área poco desarrollada, es decir, un lugar donde veas que hay espacio para crecer o mejorar en el caminar de tu familia con Jesús. Esto no siempre es agradable. Recientemente, mi esposo Greg y yo tuvimos un momento así cuando nuestro hijo menor, Silas, nos miró inexpresivamente cuando asumimos que él ya conocía una historia bíblica muy común. Silas no tenía idea de lo que estábamos hablando. Nos dimos cuenta de que no habíamos pasado tanto tiempo leyendo la Biblia con él como lo habíamos hecho con nuestro hijo mayor,

Noah, cuando tenía su edad. Fue un descubrimiento incómodo para nosotros.

El cuadrante desde donde comiences determinará tu respuesta al enfrentar estos momentos. La respuesta en el cuadrante «Todo listo» suele ser una postura del tipo «Oh, bueno...», con las manos en alto, una carcajada y un rápido giro mental hacia algo más agradable. «Ja, ja. ¡Ups! ¡Al parecer nos olvidamos de esto! #segundohijo». La respuesta en el cuadrante de la Vergüenza es hundirse en la autocrítica y el arrepentimiento, que finalmente puede llevar a una sensación de total desesperanza. «Somos los peores padres. Este niño conoce tan poco sobre la Biblia que probablemente hemos arruinado por completo su fe».

En el cuadrante de la Libertad, sin embargo, somos capaces de experimentar algo llamado descontento santo, el cual puede llevarnos a un anhelo esperanzado guiado por la oración. El descontento santo es una insatisfacción con el *statu quo*, una insatisfacción que podemos estar seguros de que Jesús compartiría. Cuando lo permitimos, a menudo el descontento santo nos lleva a un lugar de participación con el Espíritu de Dios para sanar y restaurar lo que está roto. La invitación a participar es clara, pero no tajante. En este caso, Greg y yo nos percatamos de nuestro error, pero no nos sentimos terriblemente avergonzados. Más bien despertó un anhelo en nosotros de que Silas creciera en su conocimiento y amor por la Palabra de Dios, y encendió un fuego en nosotros para buscar pasar más tiempo leyendo con él. Al final, nos sentimos verdaderamente agradecidos porque hizo que tomáramos conciencia y nos dispusiéramos a hacer algunos cambios.

UN MENSAJE PARA LAS FAMILIAS MONOPARENTALES

Quizás estés haciendo este viaje solo o sola. Tal vez tu cónyuge, pareja o la persona con quien compartes la custodia de tus hijos no te apoye en las decisiones que estás tomando. O tal vez el segundo progenitor simplemente no está presente, ya sea porque falleció o se rompió la relación. Este es uno de los puntos de partida más desafiantes, y te enfrentas a exigencias únicas. Lo reconozco y te veo. Y tengo la confianza de que Dios te encontrará justo en medio de tu realidad, no solo porque creo que esto es simplemente la manera en que Dios obra, sino también porque lo he visto con mis propios ojos. Mi amiga Sarah es madre soltera de dos niños de once y catorce años. Participó en mi Grupo para Padres de seis semanas[1] y me envió esta nota después:

> Durante este proceso aprendí a rendirme delante de Dios y a reconocerlo como «el otro padre» de mis hijos. Cuando empezó el programa, sentía cierta envidia de las personas que tenían cónyuges, pero a través de este proceso Dios se hizo presente, y me mostró que Él era todo lo que necesitaba.

Después describió una manera muy específica en la que necesitaba que Dios la «respaldara» como su único compañero en el viaje de la crianza de sus hijos, y Dios la ayudó de una manera milagrosa que solo puede describirse como una respuesta a la oración. Ella dijo:

> Me sentí honrada de que Dios obró, y de que sigo teniendo comunión con Él aun cuando le pida las cosas o formas de apoyo más raras. En realidad estoy agradecida de estar sola porque tengo que confiar plenamente en Jesús. Todos lo hacemos, pero ser padres solteros nos da esa oportunidad extra de hacerlo a pesar de lo que nos falta.

Quizás te encuentres en un punto en el que no te sientas preparado o capacitado para hablar de *agradecimiento* como lo hace Sarah aquí, pero espero que llegues a experimentar a Dios como lo ha hecho Sarah, como «el otro padre» y como el compañero que te respalda.

Introducción

Preguntas para Reflexionar

1. ¿Por qué decidiste leer este libro y qué esperas de él?
2. ¿Qué preguntas concretas tienes para el tema de discusión de este libro?
3. Vuelve por un momento a la Matriz Gracia/Desafío. Cuando se trata de discipular a tus hijos, ¿hacia qué cuadrante tiendes a inclinarte de manera natural? ¿Qué necesitas para moverte en la dirección de la flecha que dibujaste? ¿Qué necesitarás recordarte a ti mismo? ¿Qué pasajes bíblicos, ritmos o prácticas podrían ayudarte a lograr esto?
4. ¿Qué necesitas hoy de Jesús?

Para líderes y pastores

1. ¿Qué es lo que más te motiva a colaborar con los padres y capacitarlos para discipular a sus hijos?
2. ¿Qué cuadrante describe mejor la cultura de tu iglesia? ¿Qué pasos podrías dar para ayudar a los padres de tu comunidad a vivir en el cuadrante de la Libertad?

1

LA MALA NOTICIA

(o un mapa de ciudad y un
cenicero lleno de monedas)

> *Si la probabilidad de que algo pueda salir mal es
> de 50-50, entonces 9 de cada 10 veces saldrá mal.*
>
> PAUL HARVEY

LEGÓ LA HORA DE LA VERDAD: tengo una mala y una buena noticia. Voy a empezar con la mala noticia porque aunque se sienta como un puñetazo en el estómago, probablemente la expectativa de una buena noticia ayude a mitigar el golpe.

En este momento, en Estados Unidos, las probabilidades de que nuestros hijos caminen con Jesús en la edad adulta son equivalentes a las de lanzar una moneda al aire. Según el Fuller Youth Institute, se estima que el 50 % de los estudiantes de secundaria [aproximadamente entre los 15 y 18 años de edad] que participan activamente en sus iglesias se alejan de su fe después de graduarse.[1] Lee de nuevo esa frase: no se trata del 50 % de los estudiantes de secundaria que van a la iglesia, ni de los que van a la iglesia de vez en cuando. Es el 50 % de los adolescentes que participan activamente en sus iglesias. Estamos hablando de que el 50 % de nuestros jóvenes más comprometidos elegirán hacer su vida lejos de Jesús cuando lleguen a ser adultos.

No sé cómo te sientas al respecto, pero a mí esto no me sienta nada bien. Cada vez que pienso en ello se me vuelca el corazón y siento una incomodidad turbulenta en el estómago que se convierte en un fuego ardiente dentro de mí que quiere *hacer* algo al respecto. No solo por mis dos hijos, sino por toda una generación de jóvenes y por la continuidad de la relación de la humanidad con Dios. No estoy dispuesta a dejar la futura relación de mis hijos con Jesús a merced de una moneda lanzada al aire. Y tengo la firme convicción de que no tenemos por qué hacerlo.

Como padres, a pesar de nuestra frustración y confusión emocional, es importante recordar que no podemos garantizar que nuestros hijos seguirán a Jesús cuando sean adultos, por mucho que nos involucremos en su camino espiritual y por mucho que oremos por ellos. Tal como Greg solía recordarme cuando nuestros bebés simplemente no se dormían sin importar cuántas estrategias probáramos, nuestros hijos no son robots. No podemos programarlos para que hagan lo que nosotros queremos.

Entonces, no estoy diciendo que exista una fórmula mágica que, con nuestro propio esfuerzo, produzca pequeños ~~robots~~ discípulos perfectos. Por más atractiva que pueda parecer esa idea para aquellos de nosotros que preferiríamos tener el control de todas las cosas en todo momento, es simplemente poco realista. Esta idea también está teológicamente condenada al fracaso. Las Escrituras dejan claro que una relación con Jesús es iniciada por Dios (Juan 6:44), y que el papel que los seres humanos desempeñamos es simplemente abrir la puerta al llamado de Dios (Apocalipsis 3:20). Como padres, aunque podemos hacer todo lo que esté a nuestro alcance para amplificar ese llamado, no podemos obligar a nuestros hijos a abrir esa puerta. Creer algo diferente sería asumir un lugar en la vida de nuestros hijos que por derecho le pertenece, ya sea a Dios (eso sería idolatría), o a ellos (eso implicaría sobrepasar nuestros límites como padres).

Esta idea falsa puede conducir a la vergüenza, que nunca proviene del Señor. Si eres padre o madre de un hijo que se ha alejado de Jesús, tu dolor refleja el corazón de Dios. Pero si estás cargando con algún sentimiento de fracaso o vergüenza, te pido que consideres esta invitación a llevar esas cargas a los pies de Jesús. Al enemigo le encantaría desanimarte —o incluso disuadirte de continuar orando por tu hijo— mintiéndote y amontonando una carga excesiva sobre tus hombros. Quizás sea útil recordar que tus hijos siempre han sido hijos que solo te fueron confiados: ellos le pertenecen a Dios, no a ti. Tú no eres el responsable —y tampoco eres capaz— de determinar el resultado de su viaje. Dios conoce y ama a tus hijos más de lo que tú jamás podrás comprender. Y como demuestra la historia del hijo pródigo en Lucas 15, nadie está nunca más allá del alcance del poder y la gracia de Dios.

Así que mientras tengamos esto claro desde el principio —que no hay garantías, aunque hagamos todo «bien»— creo que hay muchas cosas que podemos explorar que nos brindarán herramientas para guiar a nuestros hijos hacia una fe madura, y para finalmente dejar esa estadística del 50 % en el olvido.

¿CÓMO HEMOS LLEGADO HASTA AQUÍ?

Crecí en los años ochenta. Vi explotar el transbordador espacial Challenger y caer el Muro de Berlín. Tuve una bicicleta Huffy rosa con asiento alargado y serpentinas en el manillar. Morí de disentería cientos de veces en el juego *The Oregon Trail*, y recuerdo el momento en que los *jeans* de tubo pasaron de moda por primera vez. También recuerdo cómo era aprender a conducir sin un GPS.

El sentido de la ubicación y el sentido intuitivo de la orientación son dos cosas con las que el Señor no me bendijo, y al decir eso me quedo corta. Cuando obtuve mi licencia de conducir, mi padre dijo en tono de broma que desearía poder regalarme una paloma de las que saben volver a casa para que la llevara conmigo en el coche. (Cuando tenía veinticuatro años, y

TomTom fabricó el primer dispositivo GPS de navegación todo en uno, mi papá me envió uno por correo postal con una nota que decía: «Por fin: tu paloma mensajera»). Siempre que conducía sola a algún sitio, tenía que considerar tiempo extra por si me perdía. Mi mapa de las calles de Massachusetts era mi mejor aliado. Y siempre guardaba monedas en el cenicero del coche (sí, jóvenes lectores, han leído bien: cenicero) para poder hacer llamadas desde teléfonos públicos.

Para mí, perderme era parte normal de mis paseos en coche. El primer paso para volver a encontrar el camino era averiguar dónde estaba. Primero, tenía que saber en qué barrio estaba, luego localizar dos calles transversales y buscarlas en el mapa. Luego intentaba volver sobre mis pasos —«¿Cómo llegué hasta aquí?»— para encontrar el camino de vuelta al lugar donde me había desviado.

Cuando pienso en dónde estamos cuando se trata de ayudar a nuestros hijos a vivir a la manera de Jesús, esa estadística del 50 % indica que los que estamos en la iglesia occidental estamos perdidos. Para aquellos que recuerdan cómo era conducir antes del GPS, estamos en el momento en el que lo que ves por la ventana no coincide con lo que esperabas encontrar. Estamos perdidos. Y para volver a encontrar nuestro camino, sería útil en primer lugar volver sobre nuestros pasos y preguntarnos: «¿Cómo hemos llegado hasta aquí?», a fin de identificar los giros equivocados que hemos tomado por el camino.

Para ser sincera, probablemente los giros equivocados son demasiados como para contarlos, pero voy a explorar algunos de ellos, organizados de forma amplia bajo los subtítulos del mundo, la iglesia y nosotros.

EL MUNDO

El mundo que nos rodea está cambiando y ha cambiado significativamente en los últimos veinte años. Si tienes mi edad o eres

La mala noticia

mayor, habrás vivido esta transición ya siendo adulto, y es posible que seas muy consciente del cambio radical que se ha dado, aunque puede que no sepas exactamente qué es o por qué está ocurriendo. Quizá no entiendas por qué parece que todas las personas más jóvenes que tú agregan sus pronombres en todas partes. Si eres más joven que yo por diez años o más, es probable que hayas alcanzado la mayoría de edad en medio de este cambio y ni siquiera seas consciente de ello. Los pronombres son una parte completamente normal de la vida.

En lo que respecta al cristianismo, antes del cambio de siglo solo había dos tipos de culturas en el mundo: lo que podríamos llamar las culturas «no cristianas» (sociedades que históricamente no han recibido una influencia del cristianismo) y las que podríamos llamar «de la cristiandad» (sociedades en las que el cristianismo había ejercido una fuerte influencia cultural). Sin embargo, por primera vez en la historia de la humanidad, el siglo XXI ha traído consigo la aparición de un tercer tipo de cultura en las sociedades occidentales, misma que los académicos denominan «cultura poscristiana».[2]

Ahora bien, estoy escribiendo esto desde Providence, Rhode Island, que recientemente fue clasificada por Barna Group como la tercera ciudad más poscristiana de los Estados Unidos.[3] Si estás leyendo esto desde el área de los Estados Unidos conocida como el «cinturón bíblico», quizás sientas que estoy hablando de otro planeta, ya que tu contexto probablemente todavía se parezca más al de la cristiandad. No obstante, si aún no has vivido este cambio, debes saber que está en camino.

La cultura poscristiana es única porque se origina a partir de una respuesta al cristianismo. Conoce el cristianismo, pero lo rechaza. La mayoría de las vacunas funcionan al exponer al cuerpo humano a una cantidad suficiente de un virus (una versión debilitada del mismo) para que el sistema inmunitario aprenda a defenderse contra él. Esto se conoce como *inoculación*. Del mismo modo, las culturas poscristianas han estado expuestas a una cantidad suficiente del Evangelio —a menudo, una versión debilitada del mismo— y como resultado se han vuelto inmunes a él.

Algunos rasgos distintivos de una cultura poscristiana son (1) una especial habilidad para deconstruir la cosmovisión cristiana del mundo; (2) un interés por los valores del reino (como la justicia, la dignidad de todos los seres humanos, etc.), pero sin la autoridad del Rey; (3) una sensación de que la autoridad moral se ha desplazado del sector religioso al sector secular (por ejemplo, la ética sexual cristiana tal vez solía ser considerada como algo muy peculiar, pero en general era vista como una forma moral de vivir); y (4) un prejuicio casi farisaico hacia las enseñanzas de Jesús cuando se oponen a la cultura dominante.

Para el tema que nos interesa en este libro, esto significa que nuestros hijos están creciendo en un mundo que los está discipulando en estos rasgos poscristianos. Cuando estaba en la escuela secundaria, los que conocían mis puntos de vista (tradicionales) sobre el sexo a menudo me decían: «Qué buena persona eres, Sarah». A veces este tipo de aprobación me hacía sentir vergüenza, pero había un nivel básico de respeto por mis decisiones. Hoy en día, esa misma ética a menudo es considerada inmoral, represiva e incluso perjudicial. Estoy segura de que mis hijos no recibirán los mismos elogios por las decisiones que (espero) tomen sobre su cuerpo.

Aunque muchos de nosotros ya nos hemos acostumbrado, y me incluyo, es importante recordar que la cultura poscristiana no es neutral respecto a las enseñanzas de Jesús. De hecho, su trato es bastante hostil. No estoy diciendo que la sociedad de la cristiandad fuera mejor. Nunca me escucharás añorar los «días de gloria» del siglo pasado, ya que la cristiandad misma tenía sus propias y muy reales amenazas hacia quienes querían vivir a la manera de Jesús. Los términos «cristianismo» y «cristiandad» no son intercambiables; el primero tiene que ver con vivir a la

La mala noticia

manera de Jesús, el segundo, con el poder cultural y los privilegios (dos cosas que Jesús no tenía en realidad).

Honestamente, no estoy convencida de que este cambio sea fundamentalmente malo para el futuro del cristianismo, de la misma manera que vivir en el exilio no fue fundamentalmente malo para el pueblo de Israel en la antigüedad, y que la persecución no fue fundamentalmente mala para el crecimiento de la iglesia primitiva o de la iglesia china moderna. El pueblo de Dios se adaptó en estos escenarios y permitió que las pruebas y tribulaciones de estos momentos los llevaran depender del poder de Dios más que de su propio poder. Anhelar volver a la cristiandad donde había poder cultural no es muy diferente de los israelitas que anhelaban volver a Egipto porque allí había carne.

Así que, por favor, no me malinterpreten, mi objetivo no es anhelar recuperar el poder cultural y el privilegio que los cristianos tuvieron en el pasado. No obstante, no debemos olvidar que, sin Jesús, el mundo que nos rodea está perdido. Si eres como yo, quizás por momentos sientas la tentación de tratar de ver estos rasgos del poscristianismo como nada más que «formas alternativas de vida». No me gusta llamarlos «caminos equivocados» porque no me gusta sentirme como la crítica fanática que el mundo espera que sea por ser seguidora de Jesús. Pero esos caminos o formas de vida no nos llevan a ningún lugar al que realmente queramos ir. Esos caminos, junto con varios otros giros y vueltas, nos han llevado a una tierra que no reconocemos, donde el 50 % de nuestros hijos están abandonando la fe cuando llegan a la edad adulta.

LA IGLESIA

¿Alguna vez tus hijos han tenido una pelea en la que la forma en que se trataron el uno al otro te angustió más que la infracción original? Así es como me siento acerca de la cultura poscristiana y la iglesia. Lo que me preocupa aún más que el hecho de que nuestros hijos estén siendo discipulados por los valores de un mundo poscristiano es cómo la iglesia occidental ha respondido, en general, ante esta situación.

Cuando los animales se sienten amenazados, tienden a responder con una de tres respuestas principales: pelear, huir o camuflarse. Los osos intentan atacarte, los ciervos huyen rápidamente, y los camaleones se esfuerzan por parecerse a la roca en la que están parados. En muchos sentidos, así es como la iglesia occidental ha respondido a los cambios culturales del siglo XXI:

- **Pelea:** Estas son las iglesias que creen en la «guerra cultural» y que han intentado aferrarse a los adornos y atavíos del poder cultural de una cristiandad que va en declive, y se aferran a candidatos políticos y batallas legales.

- **Huida:** Son las iglesias que se esconden en sus madrigueras, alejándose de la cultura dominante en favor de entornos cristianos monoculturales.

- **Camuflaje:** Son las iglesias sincretistas, que han tratado de mezclarse con la cultura cambiante y han adoptado muchos de los valores, actitudes e incluso perspectivas teológicas del entorno poscristiano.

Estas respuestas no son nada nuevo. En tiempos de Jesús, la comunidad judía respondió de forma muy parecida a la ocupación romana. Los zelotes optaron por pelear, intentando literalmente derrocar a Roma por la fuerza. Los esenios, y hasta cierto punto los fariseos, optaron por la huida, separándose completamente de todo lo que pudiera contaminarlos. Y los saduceos eligieron la opción del camuflaje, rechazando la tradición oral de sus

La mala noticia 19

antepasados y mostrándose complacientes cuando era necesario a fin de sobrevivir.

Si la estadística del 50 % es una prueba de que estamos perdidos, entonces cada una de estas respuestas ha sido un giro equivocado en algún punto del camino, porque ninguna de estas respuestas está ayudando a nuestros hijos a caminar con Jesús confiadamente en un mundo que no camina con Él. Los niños que fueron criados con una mentalidad de «pelea» esperarán –y encontrarán– batallas por todas partes. Los niños a quienes se les inculcó una postura de «huida» tendrán dificultades para trasladar su experiencia con Dios a un entorno secular. Y los niños preparados para «camuflarse» temerán más que ninguna otra cosa recibir críticas de sus compañeros –y recibirán muchas–. Tenemos que recalcular y encontrar un nuevo camino.

Pero antes de hacer eso, hay otro par de giros equivocados en la categoría de «iglesia» que merecen una mención de honor.

La profesionalización del sacerdocio. Una de las principales doctrinas de la Reforma protestante del siglo XVI fue «el sacerdocio de todos los creyentes». Los líderes de este movimiento, que buscaban la reforma de la iglesia estatal, sintieron una profunda convicción de que era necesario liberar la labor del ministerio de una pequeña élite de sacerdotes e invitar a cada cristiano a unirse a Dios en la obra de renovación en su vida cotidiana. Sin embargo, quinientos años después, muchas iglesias que remontan su herencia espiritual a este movimiento no parecen seguir esta doctrina en la práctica. Nuestra iglesia, Sanctuary Church en Providence, Rhode Island, utiliza la analogía de un campo de fútbol. En muchas iglesias hoy en día, los únicos que parecen estar en el campo son los miembros del personal de la iglesia. Son ellos los que realizan fielmente el trabajo del ministerio del reino mientras la congregación los mira desde las gradas, animándolos (o, con demasiada frecuencia, abucheándolos y quejándose en voz alta sobre cómo podrían mejorar su juego). En la iglesia

Sanctuary Church tenemos la esperanza de que el personal de la iglesia opere más como bien como entrenadores, directores técnicos y médicos, e incluso como animadores, y que la congregación esté en el campo, colaborando con Jesús en el trabajo que Él los ha llamado a hacer en sus propios contextos: en el trabajo, en los barrios, y en los hogares. Como dice Aaron Niequist, «[el personal de la iglesia] sin duda tiene un papel que desempeñar, pero su trabajo principal es enviar a todos los demás en la iglesia al trabajo que realizarán las 166 horas que restan de la semana».[4]

Los padres son uno de los grupos que muchas iglesias han mantenido en las gradas durante demasiado tiempo. Si bien es cierto que muchos padres son sobreprotectores y tienden a involucrarse demasiado en la vida de sus hijos, cuando se trata del discipulado, muchos de nosotros nos sentamos en las gradas semana tras semana. Observamos a los pastores de jóvenes, a los directores del ministerio de niños y a los maestros de la escuela dominical hacer grandes jugadas y nos sentimos aliviados de que gente con experiencia haga el trabajo por nosotros. Y mientras tanto, nadie se da cuenta —mucho menos los padres— de que si nos dieran el balón, muy probablemente nos convertiríamos en los jugadores más valiosos. Una manera fundamental de que la iglesia encuentre de nuevo su camino es volver a examinar la doctrina del sacerdocio de todos los creyentes a fin de equipar y capacitar a cada seguidor de Jesús para que encuentre su lugar en la misión de Dios.

Los planes de estudio de escuela dominical comercializados masivamente. Recuerdo que una semana, cuando Noah tenía cuatro años, llegó a casa de la escuela dominical con uno de esos pequeños folletos para padres que resumen la lección del día (ya saben, esos que suelen ir directamente a la papelera de reciclaje sin siquiera echarles un vistazo). La lección de ese día había tratado sobre Noé, su personaje favorito de la Biblia por obvias razones. La lección clave decía: «Noé fue amable con los animales.

La mala noticia 21

¿Cómo puedes ser amable con tu familia esta semana?». Me quedé sorprendida. *¿Cómo es posible* que la historia de Noé —una historia sobre escuchar la voz de Dios y obedecer aun cuando todos los demás piensen que estás loco; una historia sobre juicio y rescate; una historia sobre la redención de la humanidad por parte de Dios— se haya diluido hasta el punto de que estemos dando lecciones endulzadas sobre la amabilidad hacia los animales?

Bueno, déjame contarte exactamente cómo llegó a pasar esto.

Antes de finales del siglo XIX, la principal herramienta para la enseñanza religiosa era el catecismo, un resumen de los principios básicos de la fe cristiana en forma de preguntas y respuestas. Esta herramienta, utilizada tanto con niños como con nuevos creyentes, instruía acerca de la visión más amplia de la historia de Dios. Abarcaba temas como la creación y la caída de la humanidad, la naturaleza de la Trinidad, el camino hacia la salvación, el propósito de la iglesia y el regreso de Cristo. Por ejemplo, esta es una porción del conocido *Catecismo de Westminster*:

Q1. ¿Cuál es el fin principal del hombre?
El fin principal del hombre es glorificar a Dios, y gozar de Él para siempre.

Q2. ¿Qué regla ha dado Dios para enseñarnos cómo podemos glorificarle y gozar de Él?
La Palabra de Dios contenida en las Escrituras del Antiguo y Nuevo Testamento es la única regla para enseñarnos cómo podemos glorificarle y gozar de Él.

Q3. ¿Qué enseñan las Escrituras principalmente?
Las Escrituras enseñan principalmente lo que el hombre debe creer respecto a Dios y los deberes que Dios requiere del hombre.

Q4. ¿Qué es Dios?
Dios es un Espíritu, infinito, eterno e inmutable en su ser, sabiduría, poder, santidad, justicia, bondad y verdad.[5]

Hacia finales del siglo XIX y durante la primera parte del siglo XX, varias oleadas de avivamiento recorrieron Europa y Estados Unidos, y aumentaron considerablemente el número de nuevos creyentes que necesitaban ser instruidos en su nueva fe. Para satisfacer esta necesidad, los laicos empezaron a engrosar las filas de los educadores religiosos, que anteriormente solo habían incluido al clero. Este fue el comienzo de lo que se conoció como el Movimiento de la Escuela Dominical. A primera vista, se trataba de algo maravilloso, ya que le abrió la puerta a cientos de laicos a lo ancho del mundo occidental para que colaboraran con el clero en respuesta a una acción del Espíritu de Dios.

No obstante, ¿cómo se puede formar y preparar a toda una nueva clase de maestros religiosos sin acceso a seminarios? En poco tiempo, empezaron a formarse ministerios paraeclesiásticos llamados Asociaciones de Escuela Dominical, y su misión consistía en instruir y capacitar a estos maestros laicos. Como eran ministerios paraeclesiásticos, eran interdenominacionales. Y como eran interdenominacionales, no siempre coincidían en los pequeños detalles doctrinales de los diversos catecismos utilizados por las principales denominaciones. Entonces, al considerar su audiencia interdenominacional, estas asociaciones de escuela dominical tomaron la decisión de basar sus planes de estudio exclusivamente en la única herramienta de enseñanza en la que todas las grandes denominaciones podían coincidir: la Biblia.

A primera vista, esto suena increíble: las denominaciones trabajando juntas, empoderando a los laicos y dependiendo de la Biblia como base común para la instrucción religiosa. Sin embargo, como J. I. Packer y Gary Parrett explican en su libro *Grounded in the Gospel*:

> Sin embargo, ¿es verdaderamente posible evitar las controversias doctrinales al enseñar la Biblia? A fin de acercarse a este objetivo, resultó inevitable que el enfoque de la

enseñanza bíblica se alejara del énfasis en la doctrina y terminara en la enseñanza de las historias bíblicas. Aunque es cierto que es bueno enseñar las historias de la Biblia, a menudo esto se ha hecho de tal manera que las historias particulares son apartadas de la historia más amplia de Dios y su obra para redimir a la humanidad. Esto trae como resultado que con frecuencia la atención se desvíe de la gracia de Dios revelada en Cristo Jesús y se concentre en la mera repetición de historias y eventos por episodios, muchas veces seguidos de exhortaciones morales: «Se nos muestra que Jonás se metió en problemas, así que nosotros deberíamos...»; «María se entregó totalmente al Señor, y nosotros debemos hacer lo mismo». Un niño que creció o incluso comenzó recientemente una escuela dominical evangélica probablemente conocerá las historias de Noé, Moisés, Jonás y María. Pero al mismo tiempo es probable que ese niño no sepa recitar el Credo de los Apóstoles o repetir los Diez Mandamientos.[6]

Avancemos un par de siglos, añadamos las presiones del mercado y los márgenes de ganancias, y la historia de Noé terminó por convertirse en una conversación sobre la amabilidad. Ahora, es posible que estés pensando: «¡Tu hijo solo tenía cuatro años! ¿Realmente esperabas que sus maestros de la escuela dominical le enseñaran acerca de escuchar la voz de Dios? ¿O sobre la ira de Dios?». Con toda franqueza, sí.

Esto es lo que me preocupa profundamente de esta tendencia: los investigadores del ministerio Sticky Faith del Fuller Youth Institute sugieren que una sólida comprensión del evangelio es uno de los factores clave para desarrollar una fe que «se adhiera» desde la infancia hasta la edad adulta.[7] En el mismo estudio, también descubren que una confusión central entre los adolescentes sobre el evangelio gira en torno al papel del comportamiento. «Muchos jóvenes ven la fe como un abrigo: algo que pueden ponerse o quitarse en función de su comportamiento».[8]

¿Es de extrañar que nuestros hijos estén confundidos sobre el papel del comportamiento cuando no los hemos ayudado, por ejemplo, a conectar la historia de Noé con la historia más amplia de la gracia y la redención de Dios, y en cambio los hemos animado a concentrarse solo en el buen comportamiento de Noé?

En resumen, se trata de un giro terriblemente equivocado, como si estuviéramos yendo en dirección norte cuando debíamos ir hacia el sur por una autopista. A medida que volvamos sobre nuestros pasos y retomemos el camino correcto, es de suma importancia que ayudemos a nuestros hijos a entender el arco narrativo más amplio de las Escrituras y cuál es su lugar en los propósitos eternos de Dios.

NOSOTROS

Por último, los padres también hemos tomado algunos caminos equivocados. Y cuando digo eso, no me refiero a los pasos en falso y los errores que cada uno de nosotros ha cometido personalmente en este viaje. Esos son inevitables: somos seres humanos pecadores y falibles. (Por cierto, si tus hijos no conocen estos dos hechos sobre ti, habla con ellos al respecto ahora. Habla de este tema a menudo. Discúlpate con tus hijos y pídeles perdón cada vez que te equivoques. Te sorprendería saber cuántos niños crecen asumiendo que sus padres no son pecadores y son infalibles, y se desilusionan profundamente más tarde cuando se enteran de la verdad de una forma más dramática). A lo que me refiero es a los giros equivocados que hemos tomado colectivamente como padres. Y este es el más importante: en casi todos los ámbitos de la vida, cuando queremos que nuestros hijos crezcan o tengan éxito en algo, los dejamos en manos de profesionales. Contratamos tutores de matemáticas y entrenadores de fútbol, y los llevamos a clases de canto. Esto es completamente normal en nuestra sociedad y tiene mucho sentido. Mi esposo y

La mala noticia

yo contratamos profesores de música para nuestros hijos (piano y batería) en cuanto sus habilidades eclipsaron las nuestras.

El error ha sido suponer que esta lógica, por lo demás muy sensata, es aplicable también al desarrollo espiritual de nuestros hijos. Cuando la iglesia provee un pastor de niños, de jóvenes o incluso un maestro de escuela dominical, respiramos aliviados y entregamos a nuestros hijos a quienes «están para eso» y suponemos que están mucho más calificados que nosotros para formar a nuestros hijos en esta área. (Nótese cómo nuestra preferencia por los maestros y formadores profesionales se complementa muy bien con el énfasis de la iglesia en los ministros profesionales).

El único problema es que esta lógica no es aplicable al desarrollo espiritual de nuestros hijos. No me malinterpreten. Los ministros de familias, niños y jóvenes que brindan sus servicios en la iglesia son un don increíble para la iglesia y una pieza importante del rompecabezas cuando se trata del desarrollo de la fe de los niños. Pero no son un sustituto adecuado del liderazgo espiritual de los padres. Los datos lo muestran claramente: el liderazgo de los padres es esencial cuando se trata de ayudar a los niños a aprender a caminar con Jesús.

En aquellos años antes de que aparecieran los GPS, una de las peores partes de perderme era la sensación inicial de desgracia inminente cuando empezaba a darme cuenta de que no estaba en el camino correcto, seguida de la confusión absoluta que sentía mientras conducía en círculos intentando encontrar el camino de vuelta a algo que reconociera: un punto de referencia, una señal de tráfico, cualquier cosa. Y siempre sentía cierto alivio cuando decidía detenerme en una gasolinera y admitir que me había perdido, porque ese era el primer paso para volver a encontrar el camino.

Espero que estés sintiendo esa sensación de alivio en este momento. La verdad es que no queríamos acabar aquí, con el 50 % de nuestros hijos alejándose de Jesús al llegar a la edad adulta. Así que está bien —y quizás incluso sea liberador— admitir que estamos perdidos y que necesitamos un poco de ayuda para volver al camino correcto.

PREGUNTAS PARA REFLEXIONAR

1. ¿Cómo te hace sentir la estadística del 50 %? ¿Qué pensamientos o emociones surgen al reflexionar sobre esto?
2. ¿Cómo ha sido tu experiencia con respecto a la cultura poscristiana? ¿Se ha parecido más a una experiencia de pasar de una cultura a otra, o más bien se trata de tu «hogar» cultural? ¿Cuáles son las implicaciones de tu respuesta a las preguntas anteriores a la hora de ayudar a tus hijos a aprender a seguir a Jesús en un mundo poscristiano?
3. De las tres posibles respuestas a la cultura poscristiana (pelea, huida o camuflaje), ¿te identificas con alguna de ellas? ¿Cuál te sientes más tentado a imitar? ¿Cómo puede tu postura afectar la forma en que tus hijos ven el mundo?
4. En una escala del uno al cinco, ¿en qué medida estás de acuerdo con la idea de que los líderes y el personal de la iglesia parecen estar mejor preparados que tú para discipular a tus hijos?

Para líderes y pastores

1. ¿Cuál de las tres respuestas a la cultura poscristiana es más probable que adopte tu iglesia? ¿Es igual o diferente de tu propia respuesta natural?
2. ¿Cómo reflejan la organización y la estructura de tu iglesia la idea del sacerdocio de todos los creyentes? ¿Quién dirige las jugadas en el campo? ¿Quién está en las gradas?

3. ¿Cómo aprenden los niños de la comunidad de tu iglesia sobre la historia más amplia de Dios y el lugar que cada uno de ellos ocupa en esa historia? ¿Ayuda el plan de estudio de la escuela dominical a los niños a entender el evangelio de la gracia, o más bien el evangelio del buen comportamiento?

2

UN POCO DE LEVADURA

El testimonio más elocuente de la realidad de la resurrección no es una tumba vacía o una representación bien ejecutada en un domingo de Pascua, sino más bien un grupo de personas cuya vida en común es tan radicalmente distinta, tan completamente diferente de la forma en que el mundo construye una comunidad, que no puede haber otra explicación sino que algo decisivo ha ocurrido en la historia.

WILL WILLIMON, *ACTS: INTERPRETATION*

LA BUENA NOTICIA LLEGARÁ PRONTO. Lo prometo. Pero primero tenemos que entender por qué esta conversación es tan importante, no solo a nivel personal, sino también a nivel global.

En Mateo 13:33, Jesús cuenta esta parábola: «El reino de los cielos es como la levadura que una mujer tomó y mezcló en tres medidas de harina, hasta que hizo crecer toda la masa». Piénsalo: veintisiete kilos de harina (lo mismo que pesa mi hijo de ocho años) es un gran peso para esa levadura. Es una cantidad absurda de harina para que una mujer amase por sí sola, suficiente para hornear unas sesenta hogazas de pan. Jesús está usando un recurso hiperbólico para ilustrar el efecto potencialmente colosal que incluso un poco de levadura puede tener en su entorno.

De manera similar, el discipulado de tus hijos puede parecer como una medida correctiva insignificante en el gran esquema de los caminos equivocados de la iglesia occidental. En vista de todo lo que hemos mencionado en capítulos anteriores, ¿qué esperanza podemos tener de producir un cambio? Sin embargo, tal como un poco de levadura puede producir su efecto en una cantidad mucho más grande de harina, tengo la convicción de que ayudar a nuestros niños a caminar con Jesús hoy cambiará no solo sus vidas, sino también la relación actual de la humanidad con Dios. Déjame explicarlo.

ACTIVAR A LOS PADRES

La relación entre las familias y los propósitos más amplios de Dios en el mundo no es nada nuevo. Los padres siempre han formado parte del plan redentor de Dios para la humanidad. Esto no quiere decir que los padres hayan sido más significativos para el plan de Dios que los casados sin hijos, los solteros sin hijos o los que han anhelado ser padres pero no han podido. De hecho, los que no tienen hijos a menudo contribuyen a la misión de Dios de un modo que los padres sencillamente no pueden (1 Corintios 7:6-8). Sin embargo, desde los primeros padres, quienes recibieron el mandato de llenar el mundo con la imagen de Dios a través de su procreación, hasta Jesús mismo, que fue encomendado a padres humanos para que lo criaran, está claro que Dios ha confiado en los padres humanos para que sean parte de su obra y su misión de manera significativa.

Podemos ver una prueba clara de esta confianza en Deuteronomio 6. En este pasaje, los israelitas llevan casi cuarenta años vagando por el desierto y por fin están preparados para entrar en la tierra prometida. En el desierto, a pesar de sus dificultades (y de su amargo desdén por el mismo), aprendieron a depender totalmente de Dios. Dios los alimentó con maná y codornices, les dio agua de las rocas, y les mostró por dónde ir con columnas de fuego y humo. Aprendieron a caminar en dependencia e intimidad con Dios, y lo hicieron en un contexto monocultural que no ofrecía amenazas externas a su relación con Yahvé. La tierra prometida, la tierra «donde abundan la leche y la miel» y también las culturas politeístas (idólatras), sería diferente.

Moisés, dirigiéndose al pueblo, dice esto en Deuteronomio 6:10-12:

> El Señor tu Dios te hará entrar en la tierra que juró a tus antepasados Abraham, Isaac y Jacob. Es una tierra con ciudades grandes y prósperas que tú no edificaste, con casas llenas de toda clase de bienes que tú no acumulaste, con cisternas que no cavaste, y con viñas y olivares que no plantaste. Cuando comas de ellas y te sacies, cuídate de no olvidarte del Señor, que te sacó de Egipto, la tierra donde eras esclavo.

El peligro de dejar de depender del maná y la carne de codornices para comer, del fuego y el humo para orientar su camino, del agua que brota milagrosamente de las rocas —el peligro de vivir en una tierra de abundancia, rodeados de gente que no conoce a Yahvé— es que Israel se olvide de Dios. Y si Israel se olvida de Él, ¿cómo podrá la humanidad conocer a Dios? Es mucho lo que está en juego. La relación de la humanidad con Dios está en juego.

¿Y qué hace Dios? Le ordena a Moisés que le diga esto al pueblo:

> Escucha, Israel: El Señor nuestro Dios es el único Señor. Ama al Señor tu Dios con todo tu corazón, con toda tu alma y con todas tus fuerzas. Grábate en el corazón estas palabras que hoy te mando. Incúlcaselas continuamente a tus hijos. Háblales de ellas cuando estés en tu casa y cuando vayas por el camino, cuando te acuestes y cuando te levantes. Átalas a tus manos como un signo, llévalas en tu frente como una marca y escríbelas en los postes de tu casa y en los portones de tus ciudades. (Deuteronomio 6:4-9)

Un poco de levadura

Ante la posibilidad de que Israel —y toda la humanidad— se olvide de Dios, ¿cuál es la estrategia de Dios? «¡Activar a los padres!». El trabajo crítico de grabar su Palabra en los corazones de su pueblo —la Palabra misma que revela su carácter y su naturaleza—, Dios se lo confía no solo a profetas y sacerdotes, sino a padres e hijos. Las instrucciones dadas a los israelitas no son para asegurar que sus hijos reciban educación formal por parte de «profesionales» religiosos, sino para redefinir los momentos ordinarios de la vida para el discipulado: sentarse en casa, caminar por el camino, y los ritmos diarios como la hora de acostarse y las rutinas de la mañana. Moisés podría haber ordenado a los israelitas que crearan escuelas para instruir a los niños en las Escrituras. Deuteronomio 6:6-9 podría haberse leído más o menos así:

> Estos mandamientos que les doy hoy deben estar en sus corazones. Grábenlos en sus hijos. Seleccionen de entre la tribu de Leví cuarenta hombres de carácter noble, que teman al Señor y amen sus estatutos. Hasta el día en que el Señor, tu Dios, te introduzca en la tierra que juró a tus padres Abraham, Isaac y Jacob que te daría, estos hombres serán apartados para educar a tus hijos. Establecerán escuelas que se reúnan de día, y escuelas que se reúnan de noche, para que todos tus hijos amen al Señor, tu Dios, y lleven sus mandamientos en sus corazones. Entonces, cuando pongas los pies en la tierra que el Señor, tu Dios, juró darte, ni tú ni tus hijos se olvidarán del Señor, que los sacó de Egipto, del país de la esclavitud.

No es la Biblia real

No es un plan terrible, pero no es el que Dios elige. En lugar de eso, Dios elige a padres normales, como tú y como yo, para redefinir momentos ordinarios a fin de ayudar a nuestros hijos a aprender a amar y obedecer a Dios. Si Moisés estuviera dando estas instrucciones a los padres del siglo XXI, sonarían más o menos así:

> Estos mandamientos que les doy hoy deben estar en sus corazones. Grábenlos en sus hijos. Háblenles de ellos en la

mesa, cuando vayan a la parada del autobús, cuando vayan a la práctica de fútbol, y cuando los lleven y los traigan de sus actividades. Entretéjanlos en sus rutinas a la hora de dormir, a la hora del baño, a la hora de los cuentos, y cuando pidan un último abrazo o un vaso de agua. Háblenles de ellos mientras los ayuden a vestirse por la mañana, cuando preparen el almuerzo para los preadolescentes y cuando vean a sus adolescentes salir de casa.

Este era el plan de Dios para asegurarse de que Israel no se olvidara de Dios: activó a los padres para que aprovecharan los momentos cotidianos para ayudar a sus hijos a aprender a amar y seguir a Dios. Y hoy no se me ocurre una estrategia mejor. Nos encontramos en un momento único como sociedad. En los últimos años, hemos experimentado una pandemia mundial, un escenario político polarizado, una mayor conciencia de la injusticia racial y una guerra en Europa del Este con enormes ramificaciones geopolíticas. El tejido de nuestra sociedad, si no se está deshilachando, cuando menos se está tensando considerablemente. Al mismo tiempo, la iglesia está aprendiendo a navegar la vida y el ministerio en un nuevo contexto poscristiano. En muchos sentidos, en Occidente también corremos el peligro de olvidarnos de Dios. Educar a la próxima generación para que ame, conozca y siga a Dios es tan esencial ahora como lo era en tiempos de Moisés.

Esto tiene implicaciones significativas para los padres. Discipular a nuestros hijos en este momento cultural requiere que aceptemos la realidad de que, si tenemos éxito, nuestros hijos serán incomprendidos por el mundo que los rodea. Para aquellos de nosotros con recuerdos agobiantes de rechazo en la infancia, e incluso de acoso, esto puede ser aterrador. Cuando estaba en séptimo grado, recibía burlas por llevar el cabello corto, y no estoy segura de haberme recuperado del todo. Me cuesta imaginar que mis dulces y fervientes hijos sean objeto de burlas por parte de sus compañeros por lo que creen, y haría casi cualquier cosa para protegerlos de pasar por ello. La tentación de ayudarles a camuflarse será fuerte.

Para caminar con Jesús confiadamente en este tiempo, nuestros hijos, y nosotros, necesitaremos algo más que simple conocimiento sobre Dios. Incluso necesitarán más que una fuerte relación personal con Jesús. Necesitarán que su conocimiento intelectual acerca de Dios y su intimidad con Jesús en sus corazones los conviertan en personas que no teman *vivir* de manera diferente, o incluso peculiar.

Y este tipo de formación no es algo que pueda hacerse en una hora de reunión planificada los domingos por la mañana. El tipo de preparación que necesitarán nuestros hijos para vivir un estilo de vida alternativo —para seguir a Jesús en un mundo que no lo sigue— requerirá la estrategia milenaria de Dios: «¡Activar a los padres!».

UNA MINORÍA CREATIVA

Pero, ¿cómo? ¿Cómo ayudamos a nuestros hijos a ser fieles al reino de Dios, sobre todo si eso significa estar en desacuerdo con el mundo que los rodea? En su ensayo titulado «A Creative Minority», Jon Tyson y Heather Grizzle dicen lo siguiente: «Necesitamos una visión que no se base en el temor a un futuro sin Dios ni en la añoranza de un pasado idealizado, sino en una valiosa presencia en nuestro propio tiempo que inspire la belleza y la posibilidad de la iglesia de Cristo».[1] Proponen la visión de una minoría creativa, una comunidad cristiana que «busque actuar en una cultura dominante a fin de ser un factor redentor dentro de ella».[2]

Este concepto no es nada nuevo. Daniel y sus amigos en el exilio en Babilonia son un ejemplo perfecto de una minoría creativa. Aunque se negaron a participar en prácticas que deshonraban a Dios —como comer alimentos sacrificados a los ídolos o inclinarse ante un ídolo de oro—, también se mantuvieron comprometidos con el florecimiento de Babilonia, de tal manera que ascendieron a puestos de gran influencia y fueron utilizados por

Dios para sus propósitos. Así que esta no es una idea nueva. Lo que sí es nuevo es que la iglesia occidental aprenda a identificarse con esta experiencia después de siglos de gozar de poder e influencia social en el contexto de la cristiandad. Las iglesias que se hicieron dependientes del poder cultural, quizás más que del poder de Dios, ahora se sienten amenazadas al sentir que su influencia disminuye. Y en lugar de responder como Daniel —permaneciendo fieles a Dios, comprometidos en el servicio a la sociedad— es más probable que respondan con «pelea, huida o camuflaje».

Algo que me llama la atención de esta pequeña frase, «actuar en una cultura dominante a fin de ser un factor redentor dentro de ella», es que contiene una amonestación para cada una de las tres posturas de defensa de la iglesia occidental. Consideremos este cuadro:

RESPUESTA	PELEA	CAMUFLAJE	HUIDA
LÓGICA	ganar	sobrevivir	evitar
AMONESTACIÓN	Actuar en una cultura dominante	a fin de ser un factor redentor	dentro de ella.
INVITACIÓN	amar y servir	liderar e influir	comprometerse

En la fila superior, encontrarás la postura de defensa que intentamos evitar. En la segunda fila, verás la lógica detrás de esa postura. Las iglesias que «pelean» quieren ganar la guerra contra la cultura. Las iglesias «camufladas» quieren sobrevivir dentro de la cultura. Y las iglesias que «huyen» quieren evitar la cultura. Debajo verás que cada postura coincide con una amonestación presente en la definición de una minoría creativa, y por último una invitación concreta para cada parte.

Pelea. La amonestación para el instinto de pelea es actuar en una cultura dominante, y la invitación es amar y servir. La instrucción en Jeremías 29:7, dirigida a los exiliados en Babilonia, les ordenaba: «busquen el bienestar de la ciudad adonde los he deportado y pidan al Señor por ella, porque el bienestar de ustedes depende del bienestar de la ciudad». Esto es lo que hizo Daniel. Aunque permaneció fiel a Dios negándose a participar en prácticas culturales que deshonraban a Dios, Daniel no planificó un golpe de Estado ni intentó derrotar a Babilonia desde dentro. Por el contrario, actuó, e incluso prosperó, dentro de Babilonia, y llegó a convertirse en un funcionario de confianza.

Si tu postura se inclina naturalmente más hacia la pelea, es posible que te identifiques más con los intentos de recuperar el prestigio del cristianismo a través de la política, la protesta o las leyes. La invitación para ti es que mires a Jesús, quien renunció a sus prerrogativas y privilegios divinos, y quien reveló el amor abnegado de Dios hacia los enemigos en la cruz (Filipenses 2:5-8). En lugar de desatar su ira sobre un mundo caído, Dios eligió ingresar en él con amor. La Encarnación es nuestro antídoto contra la respuesta de pelea: ¿Qué podría ser menos agresivo y amenazador que un bebé humano? ¿Qué implicaría para ti amar y servir a los «otros» de tu mundo —actuar e incluso prosperar en este nuevo contexto— en lugar de simplemente intentar ganar?

Camuflaje. La amonestación para el instinto de mimetizarse y sobrevivir es abrazar el propósito de ser un factor redentor dentro de nuestra cultura. He hablado muchas veces con mis hijos sobre el tipo de amistades que están desarrollando. De vez en cuando les oigo hablar de amigos cuyo comportamiento es... bueno, no muy agradable. Mientras que algunos padres podrían tratar de limitar el contacto con esos amigos, la conversación que prefiero tener con mis hijos es sobre la influencia: ¿en qué dirección fluye la influencia? Si esos amigos te están influenciando a ti y te están contagiando su comportamiento, ese es un escenario muy diferente a que tú puedas influir en ellos. Mi deseo es que entiendan que incluso dentro de sus círculos sociales de la escuela primaria y secundaria tienen un llamado y un propósito para ser una influencia redentora. El mismo principio se aplica a los seguidores de Jesús que viven en un mundo poscristiano. La invitación, por tanto, es influir y liderar, y unirse a Dios en sus propósitos de redención.

Huida. La amonestación para la respuesta de huida es actuar como un factor redentor *dentro de* la cultura dominante. Apartarnos a nosotros mismos y a nuestras familias de la cultura secular tiene algunas ventajas a la hora de crear un entorno propicio para el tipo de formación necesario en este momento de la historia. Sin embargo, hay dos problemas con este enfoque: en primer lugar, a menos que podamos garantizar que nuestros hijos nunca volverán a entrar en el mundo poscristiano, no les haremos ningún favor si al discipularlos no incluimos algún modelo y práctica sobre cómo vivir de manera diferente al mundo que los rodea. En segundo lugar, es demasiado fácil descuidar nuestro llamado misionero a demostrar y proclamar las buenas nuevas de Jesús cuando no tenemos relación con nadie que no lo conozca todavía. La invitación en este caso es a comprometernos con nuestros vecindarios, nuestras ciudades, nuestros lugares de trabajo, las escuelas de nuestros hijos, dondequiera que Dios nos haya colocado, como Daniel en Babilonia, para ser una influencia redentora.

PREPARAR UN REMANENTE

Imagina cómo sería una generación de jóvenes que han aprendido a caminar con Jesús confiadamente en un mundo que no los entiende. Piensa en el impacto que estas personas podrían tener en la iglesia y en el mundo que los rodea. ¿Podría ser posible que Dios nos esté activando para preparar a nuestros hijos para un papel único en sus propósitos de redención más amplios?

Desde el principio de la relación de Dios con la humanidad, ha habido una cinta ascendente y descendente que recorre la línea de la historia como un patrón ondulatorio.

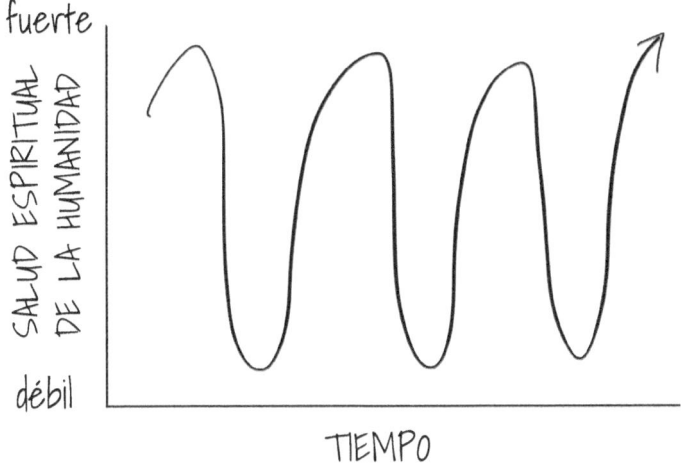

En el punto más alto de las curvas, la humanidad camina con Dios. En las partes más bajas, se ha olvidado de Él. Y en cada punto bajo, Dios finalmente interviene, derramando su Espíritu y renovando a su pueblo para que la relación de Dios con la humanidad no siga decayendo hasta la inexistencia. Esta intervención y renovación la conocemos como «avivamiento», es decir, un tiempo de un despertar espiritual amplio en el que grandes multitudes vienen a la fe y se produce un renuevo dentro de la iglesia. En Estados Unidos, podemos mencionar el Primer y el Segundo Gran Despertar de los siglos XVIII y XIX, el Avivamiento de la Calle Azusa a principios del siglo XX e incluso el movimiento por los derechos civiles de mediados del siglo XX. Pero este patrón no es simplemente un fenómeno moderno. Esta línea ascendente y descendente puede rastrearse a través de los siglos, incluso a través de la historia de Israel en el Antiguo Testamento. El patrón es coherente. Cuando la humanidad se aleja demasiado —cuando nos perdemos demasiado— Dios interviene y nos trae de regreso a casa.[3]

Cuando observamos el mundo que nos rodea, parece probable que en occidente estemos, de nuevo, llegando a un punto bajo en la curva espiritual. La iglesia en occidente ha estado en declive durante décadas. Muchas iglesias históricas están muriendo. Esto no quiere decir que no haya revelaciones poderosas del reino de Dios, sino que el mundo que nos rodea, en general, se ha olvidado de Dios y se ha perdido. Y la iglesia, por su parte, ha tenido dificultades para lograr dar, por sus propias fuerzas, la clase de renovación que el mundo necesita. Pensemos de nuevo en las tres respuestas de la iglesia occidental en este momento: pelear, huir, camuflarse. Ninguna de ellas es suficiente para provocar la clase de cambio que anhelamos ver en nuestro mundo. Ninguna de ellas es suficiente para sanar las catastróficas divisiones raciales, étnicas y políticas que han quedado tan dolorosamente expuestas en nuestra sociedad. Ninguna de ellas es suficiente para lograr la restauración, la justicia, la libertad y la salvación que nuestro mundo caído necesita tan desesperadamente.

Solo la intervención de Dios y un derramamiento de su Espíritu —un avivamiento— puede lograr esto. Y además, históricamente, cuando Dios hace esto, primero fortalece a un remanente para que reciba y administre esta obra del Espíritu y conduzca a la humanidad de vuelta a la armonía con Él. Desde Elías en el monte Carmelo hasta Nehemías, pasando por los discípulos de Juan el Bautista hasta los franciscanos de la Europa prerrenacentista, los pietistas de Moravia y la iglesia negra de Jim Crow en el sur de Estados Unidos, en momentos de decadencia espiritual generalizada, Dios siempre ha buscado a aquellos que son fieles a su reino —y que a menudo están en desacuerdo con la cultura que los rodea— para que sirvan como líderes y pastores de su pueblo cuando Él interviene.

A medida que preparamos a nuestros hijos para que sigan a Jesús confiadamente en un mundo que no lo conoce, crece en mi espíritu la sensación de que tú, yo y nuestros hijos podríamos ser

Un poco de levadura

el remanente que Dios está preparando para dirigir una obra grandiosa de su Espíritu en medio de nosotros.

NUESTRO PAPEL

Si todo este debate te parece abrumador, piensa en una orquesta tocando una hermosa pieza musical. Es imposible que un solo músico pueda sentarse y tocar una sinfonía solo; si aisláramos la parte de la viola, probablemente sonaría relativamente sencilla. Cada músico es responsable solamente de su parte individual, pero a medida que afinan sus instrumentos al tono de referencia del concertino y siguen las indicaciones del director, quedan envueltos en algo mucho más grande y bello que lo que podrían producir por sí mismos.

Lo mismo ocurre contigo: para formar parte de esta historia más amplia, solo tienes que desempeñar tu papel específico. Tus amigos, la comunidad de tu iglesia, tal vez tus padres u otros miembros de tu familia también tendrán un papel que desempeñar. Y tus hijos también tienen su propio papel. No eres responsable de crear la sinfonía, eso es responsabilidad del director. Tú has sido invitado simplemente a tocar tu parte.

Una idea que te invito a llevar siempre contigo en este viaje es un principio clásico de liderazgo de Stephen Covey: las personas más sanas centran su energía y esfuerzo en su Círculo (más pequeño) de Influencia dentro de su Círculo (infinito) de Preocupación.[4]

Como padres, tenemos listas interminables de cosas que nos preocupan. Desde el momento en que nuestros bebés empiezan a caminar, el mundo rápidamente se les viene encima, ¡y hay tantas cosas de las que podemos preocuparnos! Desde mantas en las cunas hasta uvas enteras, curvas de crecimiento, decisiones en la escuela ante situaciones de agresión y dolor, el temor a que conduzcan mientras envían mensajes de texto, las universidades y... Nuestro Círculo de Preocupación es tan vasto que podríamos incluso llamarlo el Agujero Negro de la Preocupación. Podemos gastar toda nuestra energía mental ahí (lo que según Covey nos llevará a la reactividad), o podemos centrar nuestra atención en las pocas cosas que están dentro de nuestro Círculo de Influencia, es decir, el papel específico que Dios nos ha invitado a desempeñar (lo que según Covey nos llevará a la proactividad).

Para ayudar a tus hijos a aprender a caminar con Jesús, es imprescindible que identifiques qué se encuentra dentro de tu Círculo de Influencia. Para empezar, la oración siempre está en ese círculo. Una manera excelente de abordar las innumerables cosas que se encuentran en tu esfera de preocupación es convertirlas en intercesión. Pero también hay otras cosas en tu Círculo de Influencia que puedes controlar: cómo usas tu tiempo, qué haces durante el tiempo en familia, de qué hablas en el coche, qué lees con tus hijos por la noche, el tipo de conversaciones que inicias, el tiempo a solas que pasas con tus hijos (y con Jesús). En las próximas páginas exploraremos todos estos temas.

Una última cosa: ¿pudiste localizar el Círculo de Control en este visual? ¿No lo has visto? Lo siento, sigue leyendo y te mostraré dónde está:

¡Ahí está![5] Este viaje también se trata de reconocer y aceptar las innumerables cosas que están fuera de nuestro control —incluyendo, en última instancia, el resultado de la vida espiritual de nuestros hijos—, y luego elegir de forma intencional dirigir nuestro tiempo y energía a nuestro Círculo de Influencia en

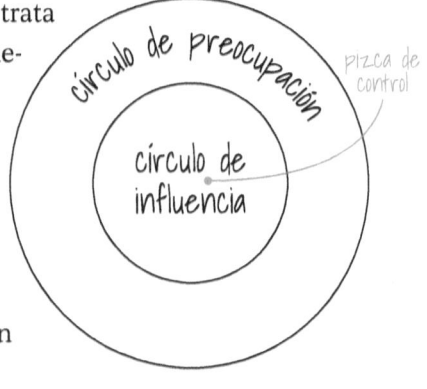

lugar de vivir en el reino de las preocupaciones infinitas sobre las que no podemos hacer nada. Aquí me viene a la mente la Oración de la Serenidad, fiel amiga de muchos que se han enfrentado al frágil equilibrio entre la impotencia y la intencionalidad:

> Dios, concédeme la serenidad para aceptar las cosas
>   que no puedo cambiar;
> el valor para cambiar lo que puedo;
> y la sabiduría para reconocer la diferencia.
> Amén.

PREGUNTAS PARA REFLEXIONAR

1. ¿Qué sientes cuando piensas en la idea de preparar a tus hijos para ser incomprendidos por el mundo que les rodea? ¿Qué pensamientos o emociones te produce?
2. ¿Qué se siente saber que Dios confía en ti y te invita a formar parte de sus propósitos?
3. ¿Qué «momentos ordinarios» de tu día te vienen a la mente como momentos que podrías redefinir en cuanto a su propósito?
4. ¿Qué mensaje alentador puedes llevarte de la historia de Daniel?

Para líderes y pastores

1. ¿Qué formas concretas podrían ayudar a tu iglesia a convertirse en una «minoría creativa» en tu contexto particular?
2. ¿De qué maneras tu ministerio se cruza con los propósitos más amplios de Dios a lo largo de la historia de la humanidad? ¿Tienes la sensación de que Dios te está preparando a ti y a tu iglesia para un derramamiento de su Espíritu?

3

LA BUENA NOTICIA
(si decides aceptarla)

Para bien o para mal, los padres son en realidad los pastores más influyentes de sus hijos. Los padres establecen una especie de techo de cristal de compromiso religioso que sus hijos rara vez atraviesan.

CHRISTIAN SMITH

EN EL PUNTO MÁS ALTO DE LA GUERRA CONTRA LAS DROGAS DE LOS AÑOS OCHENTA, se emitieron varios anuncios de televisión en horario de máxima audiencia para desalentar el consumo de drogas entre los adolescentes. Quizá recuerdes o hayas oído hablar del anuncio que decía «Este es tu cerebro. Este es tu cerebro bajo el efecto de las drogas», mientras un hombre mostraba un huevo frito. Sin embargo, para mí el anuncio más memorable fue uno que mostraba a un chico en problemas con su padre porque este había descubierto una caja de parafernalia de drogas en su armario. El padre, pasmado, empieza a interrogar al chico y finalmente le pregunta: «¿Quién te enseñó a hacer esto?». El chico responde: «Tú, ¿sí? Lo aprendí observándote a ti». El anuncio termina con el narrador que explica: «Los padres que consumen drogas tienen hijos que consumen drogas».

Este anuncio ha inspirado muchas parodias, entre ellas un anuncio de Kraft de macarrones con queso de 2012 titulado «A Father's Lesson» [La lección de un padre], en el que aparece un

La buena noticia

padre regañando a su hijo por tomar una cucharada de macarrones anaranjados del plato de su hermana, solo para descubrir que fue él mismo quien le enseñó a hacerlo: «Los padres que roban macarrones con queso tienen hijos que roban macarrones con queso». Aunque es posible que el anuncio original haya exagerado con el tono siniestro, el principio es válido: los padres ejercen una gran influencia en los comportamientos y actitudes de sus hijos.

Esta es nuestra buena noticia: hay una cosa que marca una diferencia radical en la estadística del 50 %, y no es la asistencia a la iglesia ni la participación en la escuela dominical o en grupos de jóvenes, ni tampoco la instrucción religiosa ni la influencia del personal de la iglesia.

Eres *tú*.

En el transcurso de una década, de 2003 a 2014, Christian Smith, profesor de sociología en Notre Dame, dirigió un enorme esfuerzo de investigación llamado Estudio Nacional de Juventud y Religión (NSYR, por sus siglas en inglés). Este estudio examinó la relación entre la fe en la edad infantil y la fe en la edad adulta. Smith descubrió que los padres eran el principal factor de predicción de la espiritualidad de un niño a lo largo de su vida.[1] Esto puede parecerte impactante, sobre todo si a tus hijos no les gusta que los vean en público contigo o podrían dar una clase magistral sobre el arte de poner los ojos en blanco. Pero es cierto: tú tienes más influencia en su relación con Jesús que cualquier otra persona en sus vidas, incluyendo los «profesionales». Tu inversión en su discipulado es más importante que cualquier programa que tu iglesia pueda ofrecer. Ahora bien, esto no busca disminuir la importancia de las actividades de la iglesia y su personal —no se puede esperar que existan discípulos sanos de Jesús sin la iglesia— pero nada se compara con la influencia de los padres.

Por ende, esta es una muy buena noticia, amigos. Pero como dice Billy Mays, el señor de los infomerciales: «Pero, esperen, ¡aún hay más!». Porque aquí vienen noticias aún mejores.

Con respecto a si se puede saber si los niños seguirán a Jesús cuando sean adultos, Smith descubrió que el factor más importante del comportamiento de los padres es de hecho algo muy simple. No se necesita un título de seminario ni años de práctica para aprender a hacerlo. Se puede hacer en cualquier lugar y en cualquier momento. Y, como es lógico, es muy de Deuteronomio 6. El comportamiento de los padres que marca la mayor diferencia en esa estadística del 50 % es el siguiente: son los padres que hablan de su fe y la aplican en la práctica en sus casas. Resulta que el 82 % de los hijos cuyos padres dan gran importancia a sus creencias, son activos en sus iglesias, y hablan y practican su fe en casa, siguen a Jesús como cuando llegan a la adultez.

Ochenta y dos por ciento, amigos. Eso está muy lejos de la estadística del 50 % que hemos llegado a aceptar como la norma, y esas son muy buenas noticias. Veamos algunas razones.

LOS PADRES TIENEN TIEMPO

En primer lugar, los padres tienen tiempo. Quizás acabas de escupir el café de tanto reír ante esta idea. Quizás sientes que tiempo es lo que más te falta estos días, tal vez solo superado por la falta de sueño para quienes tienen niños muy pequeños. Entre los malabarismos de las rutinas escolares, los horarios de trabajo, las actividades extraescolares y una lista de cosas por hacer que parece no tener fin, cada día puede sentirse como una carrera de velocidad desde que te levantas temprano hasta que por fin consigues meter tu cansado cuerpo en la cama.

No obstante, cuando se trata de ayudar a nuestros hijos a aprender a amar y seguir a Jesús, comparativamente hablando, los padres tienen más tiempo que nadie. El tiempo promedio que una iglesia tiene para influenciar a un niño equivale a cuarenta horas por año. Si un niño participa semanalmente en la escuela dominical y en el grupo de jóvenes, con asistencia perfecta todas las semanas del año, tal vez ese número podría llegar hasta cien. Pero el promedio es de cuarenta.

Los padres, por su parte, disponen de una media de tres mil horas al año para influir en sus hijos. Esta cifra se promedia desde el nacimiento hasta los dieciocho años. Obviamente, los padres de bebés que se quedan en casa tienen muchas más horas al año que los padres de adolescentes que van a la escuela. Pero de cualquier manera, incluso en situaciones de custodia compartida, tienes muchísimo más tiempo para invertir en el camino espiritual de tu hijo que su pastor, pastor de jóvenes, o su maestro de escuela dominical.

Depende de ti decidir usar ese tiempo para este propósito. Alguien me dijo una vez que cada vez que tuviera la tentación de decir: «No tengo tiempo», pruebe con decir: «No es una prioridad», y viera cómo me sentía. Esa simple práctica fue transformadora.

No sabes cuántas veces, mientras escribía este libro, había reservado horas preciosas en mi agenda para escribir —a menudo por la noche, después de que los niños estuvieran supuestamente durmiendo— cuando uno de ellos se aventuraba a salir de la cama y me interrumpía con una pregunta espiritual. Se sentía casi como una prueba. Sustituir mi monólogo interior de «no tengo tiempo para esto» por «no es una prioridad» cambió mi forma de ver estas interrupciones y decidí darles prioridad. Ahora, permíteme ser clara: no estoy hablando de límites, ni de la hora de acostarse, ni de los momentos apropiados para interrumpir a mamá. Es posible que en tu casa tengas normas sobre las conversaciones que pueden tener lugar después de la hora de acostarse, o cuando mamá está trabajando, y puede que sea 100 % apropiado mandar a ese niño de vuelta a la cama. Lo que quiero decir es que debemos ser más conscientes de cómo utilizamos nuestro tiempo, y de a qué cosas damos prioridad y por qué.

Esta es una herramienta que me ha ayudado a empezar a reconocer las prioridades, a menudo inconscientes, que rigen el uso de mi tiempo. Por si aún no te has dado cuenta, me gustan mucho los gráficos.[2] Creo que tienen cierta elegancia para representar visualmente una idea de tal forma que aporta un significado nuevo o más claro. Pero si los encuentras limitantes y restrictivos, por favor, sáltate los gráficos y quédate con los principios que demuestran.

Instrucciones para visualizar las prioridades. Con la ayuda del cuadro de esta sección, compara el nivel de tiempo, atención y esfuerzo que dedicas al desarrollo de tu hijo en las siguientes áreas. Si tienes más de un hijo, usa distintos colores para tus respuestas. Siéntete libre de hacer un cálculo aproximado con una simple clasificación, o si prefieres un enfoque más científico, utiliza la siguiente fórmula.

Tiempo = Horas semanales que dedicas a esta área

Atención = Tu nivel de reflexión y preocupación sobre este ámbito (de 0 a 5)

Esfuerzo = Tu nivel de implicación personal en este ámbito (de 0 a 5)

Por ejemplo, pensando en Noah, la fila Social de nuestra tabla tendría ceros en tiempo, atención y esfuerzo. Ya hemos superado la edad de las citas para jugar y de buscarle amigos, y tiene suficientes amigos en el vecindario como para que no tengamos que servir como choferes de su vida social. Pero la fila musical sería muy distinta. A menudo dedicamos hasta cinco horas a la semana a las actividades musicales de Noah: clases de batería, ensayos con el equipo de alabanza y llevarlo temprano a la iglesia cuando toca los domingos. Nuestro nivel de atención es probablemente un tres. Nos encanta que se dedique a esto y lo animamos tanto como podemos, sin embargo, no nos desanimaríamos si un día decidiera dejarlo. Nuestro nivel de implicación personal es probablemente un cuatro. Hemos hecho algunas inversiones significativas en equipo de batería, y Greg a menudo le ayuda a aprender nuevas canciones de alabanza.

Siéntete en libertad de considerar otras áreas no incluidas en la tabla. (Y para quienes prefieran no tener que trabajar en un cuadro, utilicen las ideas aquí expuestas como un estímulo para tomar notas libremente).

La buena noticia

Preguntas de reflexión para visualizar las prioridades.
- ¿Qué cosas has notado? ¿Qué cosas te han sorprendido?
- ¿Hay algo que notes aquí que te gustaría cambiar?

El discipulado en tu hogar no se convertirá en una prioridad si no hay primero un reordenamiento intencional de prioridades de tu parte para dedicar una parte de esas tres mil horas (unas cincuenta y siete por semana) a ritmos y prácticas espirituales. Para aquellas personas que solo tratan de sobrevivir hasta la hora de dormir, esto puede sonar abrumador y desafiante, sobre todo al

VISUALIZACIÓN DE PRIORIDADES

	TIEMPO	ATENCIÓN	ESFUERZO	POSICIÓN
ESCOLAR ayuda con tareas, clases de apoyo, lectura				
SOCIAL citas de juego, clases de enriquecimiento				
MUSICAL clases, prácticas				
ATLÉTICO prácticas, partidos				
ARTÍSTICO clases, prácticas				
ESPIRITUAL actividades de la iglesia, discipulado en casa				

tener en cuenta la cantidad de horas que ya se contabilizan. Pero déjame darte otra buena noticia: no necesitas establecer mágicamente más horas a la semana para hacerlo bien. Y es posible que tampoco necesites recortar nada. A menudo, tal como describe Deuteronomio 6, una de las mejores estrategias es simplemente redefinir el propósito del tiempo que ya tenemos.

Permíteme compartir contigo otra herramienta que te ayudará a empezar a hacer esto. En las próximas páginas he

CUADRO DEL TIEMPO EN FAMILIA

	L	M	Mi
MAÑANA (MUY TEMPRANO) Hora de levantarse (para madrugadores)			
(MAÑANA) Desayuno, prepararse, rutinas matutinas			
MEDIODÍA, almuerzo			
PASADO EL MEDIODÍA siesta, hora de juegos			
TARDE después de la escuela, tiempo en traslados			
TARDE/NOCHE, cena, rutinas para la hora de acostarse			
NOCHE TEMPRANO tiempo social, hijos mayores, bebés			
RESTO DE LA NOCHE charlas ocasionales a mitad de la noche, hora de alimentar bebés			

incluido un cuadro de tu tiempo en familia para ayudarte a examinar tus rutinas diarias habituales y extraer tiempo para la familia. Hablaremos más sobre cómo aprovechar estos momentos para el discipulado en los capítulos siguientes. Por ahora, solo observa cuándo estos momentos ocurren naturalmente. (Y de nuevo, para aquellos que no aman los gráficos tanto como yo, consideren estos conceptos como otro estímulo para escribir libremente).

	J	V	S	D
Mañana (muy temprano)				
Mañana				
Mediodía				
Pasado el mediodía				
Tarde				
Tarde/Noche				
Noche temprano				
Resto de la noche				

Instrucciones para examinar el tiempo en familia. ¿Qué momentos de la semana dedicas actualmente a la familia y a cada uno de tus hijos? Utiliza las iniciales de cada niño y la «F» de familia para identificar cada uno de esos momentos.

No tienen por qué ser bloques de tiempo intencionados: lo más probable es que sean momentos familiares o para un niño solo por defecto (piensa en los trayectos al colegio, la hora de cenar y la hora del baño). Por ejemplo, en nuestra casa, el único tiempo en familia que tenemos entre semana es durante la cena y antes de acostarnos. El resto de los bloques están en blanco. Los niños suelen despertarse antes que nosotros y salen solos por la puerta. Los fines de semana, sin embargo, tenemos mucho tiempo en familia, y tiempo a solas con cada uno de ellos mientras el otro tiene clases de batería.

Preguntas de reflexión sobre el tiempo en familia.

- ¿Qué cosas notaste? ¿Qué cosas te sorprenden?
- ¿Dónde ves oportunidades que antes desconocías?

LOS PADRES TIENEN AUTORIDAD ESPIRITUAL

Además del tiempo, otra cosa que los padres tienen es autoridad espiritual. Una definición sencilla de autoridad espiritual es el derecho a hacer uso del poder de Dios en la tierra. Piensa en cómo funciona la autoridad terrenal. Una supervisora de autobús escolar de doce años de edad tiene autoridad para documentar formalmente el mal comportamiento de sus compañeros. Tiene derecho a hacer uso del poder de la escuela en esa situación. Un guardia para cruce peatonal tiene autoridad para detener el tráfico porque tiene derecho a hacer uso del poder de la ciudad en esa situación. Cuando se trata de la autoridad espiritual, sucede exactamente lo mismo: en determinadas situaciones, los discípulos de Jesús tienen derecho a hacer uso del poder de Dios en la tierra.

A partir de las Escrituras, sabemos que todo poder y toda autoridad pertenecen a Dios (Romanos 13:1; 1 Pedro 5:11) y fueron

La buena noticia 51

entregados a Jesús (Mateo 28:18). A lo largo de los Evangelios, Jesús invitó a sus seguidores a participar en su ministerio y a hacer lo que Él hacía. Los discípulos predicaban el Evangelio, sanaban a los enfermos, expulsaban demonios y, lo que es más importante para el tema que nos ocupa, hacían discípulos. Cuando Jesús ascendió al cielo, les ordenó que esperaran el don del Espíritu. En Pentecostés, con el derramamiento del Espíritu Santo, Dios le confió a la iglesia el ministerio que Jesús comenzó en la tierra. Los seres humanos comunes y corrientes, investidos del poder del Espíritu, tienen ahora derecho a ejercer el poder de Dios en la tierra (Mateo 28:19; Hechos 1:8) cuando se someten a su voluntad (Romanos 8:7; Santiago 4:7) y se comprometen con sus propósitos.

Tú eres uno de esos discípulos. Me imagino que no te resulta difícil creer que tu pastor tiene autoridad espiritual para ministrar en la iglesia porque fue llamado por Dios para esa tarea. Es posible que des por sentado que tu pastor tiene el «derecho a hacer uso del poder de Dios» en su ministerio de predicación, enseñanza, pastoreo y liderazgo.

Bueno, ¿adivina qué? Tú también has sido llamado por Dios a una tarea ministerial específica. Como seguidores de Jesús, en el momento en que nos convertimos en padres, recibimos un llamado específico. Os Guinness dice que un llamado es «nuestra respuesta personal a la dirección de Dios, nuestra respuesta al llamado de Dios».[3] Para los padres, el llamado que encontramos en las Escrituras es claro. Se nos ordena que criemos a nuestros hijos «según la disciplina e instrucción del Señor» (Efesios 6:4) y que instruyamos «al niño en el camino correcto» (Proverbios 22:6). Esta tarea asignada por Dios de hacer discípulos en el hogar no es menos legítima que la tarea de tu pastor de hacer discípulos en la iglesia. Ambas constituyen el cumplimiento de las instrucciones de Jesús en Mateo 28:19-20 cuando dijo: «hagan discípulos de todas las naciones, bautizándolos en el nombre del Padre y del Hijo y del Espíritu Santo, enseñándoles a obedecer todo lo que les he mandado a ustedes».

Así que al someternos a Dios y estar bajo su autoridad en nuestras vidas —de la misma manera que la supervisora del autobús se somete a la autoridad de la escuela—, no hay razón para que no ejerzamos autoridad espiritual mientras oramos, enseñamos, entrenamos, guiamos e «instruimos a nuestros niños por el camino correcto». Como agente del reino de Dios que tiene un tarea específica de parte de Dios por cumplir, tienes el derecho de hacer uso del poder de Dios en la tierra. Puedes orar con firmeza por tus hijos el tipo de oraciones que hacen temblar el cielo y la tierra. Puedes guiar a tus hijos con valentía y confianza porque, al igual que el supervisor del autobús o el guardia del cruce peatonal, sabes bien quién te ha dado esta misión y quién te cubrirá y respaldará siempre.

CRECER EN AUTORIDAD ESPIRITUAL

Pero, ¿qué pasa si sientes que no tienes ni idea de cómo encontrar o utilizar esta autoridad a la que supuestamente tienes acceso? ¿Existe una manera de mejorar la manera en que ejercemos nuestra autoridad espiritual? Por supuesto que sí. Podemos aprender mucho sobre cómo crecer en autoridad espiritual al mirar a Jesús.

En el Nuevo Testamento, los escribas y los fariseos a menudo se preguntaban de dónde procedía la autoridad de Jesús. ¿Cómo podía sanar enfermos, expulsar demonios y hacer milagros? En Juan 5:19 Jesús les dice: «el Hijo no puede hacer nada por su propia cuenta, sino solamente lo que ve que su Padre hace». ¿Por qué tenía Jesús tanta autoridad espiritual? Porque escuchaba la voz del Padre y hacía todo lo que su Padre le decía. Además, el mismo principio que Jesús les dijo a sus discípulos la noche antes de morir se aplica a nosotros: «Yo soy la vid y ustedes son las ramas. El que permanece en mí, como yo en él, dará mucho fruto; separados de mí no pueden ustedes hacer nada» (Juan 15:5). Al igual que la supervisora del autobús, que no podría llevar a cabo su trabajo si estuviera separada de su relación con la escuela, así tampoco nosotros seremos eficaces en esta tarea si estamos separados de nuestra relación con Jesús. Lo que nos permite ejercer autoridad espiritual es nuestra intimidad con Dios y nuestra capacidad de oír y obedecer la voz de Dios.

En 2008, Greg y yo llevamos a un grupo de estudiantes universitarios a Uganda en un Proyecto Global de InterVarsity. La visión de este proyecto era que el equipo de Estados Unidos estuviera bajo el liderazgo de un movimiento estudiantil local llamado Focus Uganda. En lugar de llegar con nuestra propia agenda, queríamos aprender de nuestros colegas ugandeses, así que nos comprometimos a participar en cualquier proyecto que ellos decidieran llevar a cabo. Nuestra idea de un «viaje misionero» habría sido pintar unas cuantas casas o, si nos sentíamos muy ambiciosos, construir algunas. Los estudiantes ugandeses tuvieron una idea diferente: querían pasar la semana en una zona de guerra evangelizando «cabaña por cabaña», llevar a cabo un ministerio de sanación de nueve a cinco en un campo de refugiados, y luego organizar campañas evangelísticas todas las noches.

Los estudiantes y el personal estadounidenses estábamos aterrorizados, pero en nuestro idealismo de llevar a cabo un viaje misionero «bien hecho» nos habíamos comprometido a someternos plenamente al liderazgo local. En otras palabras, no había forma de evitar ninguna de esas tareas. Todos los días nos subíamos a un autobús, emparejábamos a uno de nuestros estudiantes con un compañero ugandés, y los enviábamos de dos en dos, como los discípulos de Lucas 9. Y vimos cosas absolutamente extraordinarias: vimos casos de sanidad física, vimos demonios manifestarse y salir de la gente, y vimos a montones de personas llegar a la fe en Jesús.

Y no pudimos evitar preguntarnos por qué nunca habíamos presenciado algo así en nuestros campus universitarios estadounidenses. Hubo muchas teorías académicas al respecto, como la «espiritualidad» de la cultura ugandesa o la desesperación de vivir en una zona de guerra. Pero entonces empezamos a darnos cuenta de algo: al final de cada jornada, el equipo estadounidense se iba a dormir, agotado, mientras que los estudiantes ugandeses se quedaban despiertos toda la noche, orando y buscando a Dios. Por la mañana, cuando íbamos de cabaña en cabaña y se manifestaban los demonios, el equipo estadounidense estaba aterrorizado. Pero los estudiantes ugandeses expulsaban con valentía a esos demonios. Y por la tarde, cuando cientos de personas se agolpaban a nuestro alrededor, el equipo estadounidense se sentía abrumado, mientras que los estudiantes ugandeses tomaban el micrófono y predicaban el Evangelio, y la gente ponía su fe en Jesús.

Estos estudiantes tenían una autoridad espiritual increíble como no habíamos visto nunca antes. Y creo que una de las razones de esto es que, al igual que Jesús, escuchaban la voz del Padre y hacían todo lo que su Padre les decía que hicieran. Ellos buscaban a Dios, escuchaban su voz y obedecían.

Quizás en la tarea cotidiana de criar a tus hijos no te encuentres cara a cara con demonios gritando o con escenarios de evangelización al aire libre, pero imagínate cómo podría influir en la crianza de tus hijos ejercer este tipo de autoridad espiritual: cuando ellos mismos tengan sus propios encuentros con el mal en el mundo, cuando su salud física o mental decaiga, cuando te veas en la necesidad de orar el tipo de oraciones que mueven montañas. Si queremos tener la misma autoridad espiritual en la crianza de nuestros hijos que la que estos estudiantes tenían en su vida cotidiana, necesitaremos intimidad. Tendremos que aprender a permanecer en Jesús, como Él permanece en nosotros. Tendremos que acercarnos a Dios, buscar su rostro y escuchar su voz. Si no sabes por dónde empezar, te propongo una práctica sencilla. Empieza por hacerlo cinco o diez minutos al día y aumenta gradualmente el tiempo como te sea posible.

La buena noticia

LLÉVATE ESTA IDEA: LA ORACIÓN IGNACIANA

También conocida como oración imaginativa, la oración ignaciana es una forma de oración que involucra nuestra imaginación y nos ayuda a encontrarnos con el Espíritu Santo al reflexionar sobre la persona de Jesús.

Edades: A partir de preescolar

Necesitarás:
- De cinco a diez minutos a solas en un lugar tranquilo (es posible que necesites la ayuda de tu cónyuge, un amigo o una niñera para encontrar ese espacio).
- Libreta y bolígrafo
- Música tranquila (opcional)

Instrucciones:
- Colócate en una posición cómoda y cierra los ojos.
- Invita al Espíritu Santo a encontrarse contigo hoy y a inspirar tu imaginación para ayudarte a encontrarte con Dios.
- Imagina en tu mente un lugar en el que te sientas en paz. Puede ser en la naturaleza, un lugar favorito de tu infancia o un lugar imaginario.
- Luego, imagina a Jesús que viene a reunirse contigo en ese lugar. Imagínatelo caminando hacia ti. Cuando se acerque, simplemente observa lo que hace, escucha lo que dice y deja que tu imaginación, guiada por el Espíritu, participe en la escena.
- No dudes en hacerle a Jesús cualquier pregunta que se te ocurra.
- Anota cualquier cosa significativa que Jesús diga o haga.
- Cuando termines, lee lo que has escrito y examínalo a la luz de las Escrituras. Si contradice algo de lo que las Escrituras dicen de Jesús, descártalo. Pero si encaja con la naturaleza y el carácter de Dios, recíbelo con delicadeza. Considera compartirlo con algunos amigos espiritualmente maduros que puedan confirmar que lo que escuchaste suena como que viene de parte de Dios.

ATRÉVETE A SALTAR

Si alguna vez estuvimos tentados a delegar el desarrollo espiritual de nuestros hijos a los «profesionales», ya sea por miedo a no ser lo suficientemente capaces, por falta de tiempo o por pura falta de interés, ahora sabemos que eso ya no es una opción.

La buena noticia que hemos compartido en esta conversación viene con una clara invitación a ofrecerle a Dios lo que Él mismo ya te ha dado: tu tiempo, tu influencia, tu amor por tus hijos, tu creatividad y tu voluntad. Te animo a que se los ofrezcas a Jesús de la misma manera que el niño de Juan 6 ofreció su almuerzo para alimentar a las multitudes. Sin el poder de Dios para multiplicar sus cinco panes y dos peces, la multitud se habría ido con hambre. De la misma manera, las cosas que tienes en tus manos no son suficientes para satisfacer el hambre espiritual de tus hijos y alimentar sus almas, pero son imprescindibles. Si alguna vez has sentido que no tienes lo suficiente —o que simplemente que no *eres* suficiente— para este viaje, anímate. En manos de Jesús, el humilde almuerzo de un niño bastó para alimentar a cinco mil hombres, además de mujeres y niños. No importa cuánto tiempo lleves siguiendo a Jesús o lo accidentado que haya sido ese camino, tus humildes esfuerzos por hablar y vivir tu fe en casa son más que suficientes en las manos capaces y poderosas de Dios.

PREGUNTAS PARA REFLEXIONAR

1. ¿Cómo te ha hecho sentir este capítulo? ¿Sientes que Dios te está extendiendo una invitación en este momento? ¿A qué te está invitando?

2. ¿Qué has aprendido en los ejercicios de este capítulo sobre tus prioridades y tu tiempo? ¿Puedes resumirlo en una o dos ideas?

3. ¿Qué opinas de la idea de que Dios te ha asignado un ministerio específico? ¿Cómo se relaciona esta idea con tu sentido de llamado y propósito?
4. ¿Cómo describirías tu relación con Jesús en términos de intimidad? ¿Te sientes capaz de hablar con Dios como lo harías con un amigo? Si no es así, ¿qué crees que te lo está impidiendo?

Para líderes y pastores

1. ¿Qué implicaciones tiene esta «buena noticia» para tu iglesia?
2. ¿Cómo apoya la organización y estructura de tu ministerio de niños la idea de que los padres son en realidad «los pastores más influyentes de sus hijos»?

4

DISCIPULADO RECEPTIVO
(O CÓMO ATRAPAR UN *kairos*)

> *Tú creaste mis entrañas;*
> *me formaste en el vientre de mi madre.*
>
> **SALMO 139:13**

> *Nosotros amamos porque él nos amó primero.*
>
> **1 JUAN 4:19**

> *La tierra está llena del cielo,*
> *y cada arbusto común arde con Dios,*
> *pero solo el que puede ver se quita los zapatos;*
> *el resto se sienta y arranca zarzamoras.*
>
> **ELIZABETH BARRETT BROWNING,**
> ***AURORA LEIGH***

MUCHO ANTES DE SABER que esperabas un hijo, mucho antes de ver la primera foto de tu futuro hijo adoptivo o al que has acogido, mucho antes de tener a tu nieto en brazos, Dios ya estaba trabajando en la vida de ese niño. Al aceptar este viaje de discipulado, es importante que recordemos que Dios ha conocido y amado a nuestros hijos más profundamente y durante más tiempo de lo que nunca lo haremos nosotros. Antes de tener a mi hijo, yo no era una persona a la que le gustaran mucho los bebés. Recuerdo que en la semana cuarenta y uno del embarazo de nuestro primer hijo, estaba caminando por la calle con mi madre, y yo lloraba a mares preocupada porque pensaba que no sabría cómo amar a un bebé. Mi madre, llena de empatía, no pudo reprimir el brillo divertido de sus ojos cuando me dijo: «Cariño, solo espera y verás». Y como siempre, tenía razón.

Ese amor abrumador, avasallador e incontenible que siento por mis hijos —y que sin duda tú sientes por los tuyos— es solo el atisbo de un eco de una sombra de lo que Dios siente por ellos. Y esto es importante porque significa que, por mucho que queramos que nuestros hijos conozcan y sigan a Jesús, podemos estar seguros de que Dios quiere lo mismo aún más. Y no importa lo que hagamos para ayudarles en este viaje, podemos descansar en el hecho de que Jesús ya ha hecho, y seguirá haciendo, más de lo que nosotros jamás podríamos hacer.

En Mateo, Jesús utiliza la imagen de un yugo: «Carguen con mi yugo y aprendan de mí» (Mateo 11:29).[1] El yugo es la barra que une a dos bueyes que tiran de un arado, que los mantiene juntos y ayuda a que caminen al mismo ritmo. También se utiliza para entrenar a los bueyes jóvenes emparejándolos con un buey más viejo, más fuerte y con más experiencia. Cuando pienso en lo que significa cargar el yugo con Jesús, me encanta recordar que Jesús es siempre el buey mayor, más fuerte y con más experiencia. Podemos empujar ese yugo con todo nuestro peso, tirando del arado con todas nuestras fuerzas, y podemos sentirnos alentados por el progreso que vemos a medida que avanzamos paso a paso. Sin embargo, en realidad es Jesús quien soporta la mayor parte de la carga. Su cuerpo soporta el peso, su liderazgo guía nuestros pasos y su poder nos hace avanzar.

Mientras enseñas a tus hijos a seguir a Jesús, espero que recuerdes esta imagen. Tú eres el buey pequeño. Jesús es el que hace el trabajo. Mantente cerca de Él, carga el yugo unido a Él y recuerda que Él es quien lleva el peso.

Una forma de recordarnos esta realidad a nosotros mismos es aprender a reconocer y comprometernos con dos tipos diferentes de discipulado. Un tipo de discipulado —el que probablemente nos resulta más familiar— es el que yo llamaría discipulado proactivo. Este se refiere a los momentos de discipulado que planeamos y en los que somos intencionales: los hábitos, las prácticas y los ritmos a los que invitamos a nuestros hijos a participar.

Pero antes de hacer eso, aprendamos cómo responder a aquellos momentos de discipulado que no podemos planear porque son momentos que solo Dios ha planeado. En esto, el orden es importante: comenzar con el discipulado receptivo antes de pasar al discipulado proactivo es un pequeño pero significativo guiño al hecho de que Dios es el principal iniciador del crecimiento espiritual.

MOMENTOS *KAIROS*

¿Alguna vez has tenido un momento en el que estabas seguro de que Dios estaba haciendo todo para llamar tu atención? Dios hace esto todo el tiempo con las personas. Desde sueños y visiones, hasta señales, prodigios y palabras pronunciadas directamente de su boca a nuestros corazones, Dios ha estado tomando la iniciativa al comunicarse con las personas desde el principio de la historia de la humanidad.

Hay quienes se refieren a estos como «momentos *kairos*». En griego hay dos palabras para «tiempo». Una es *cronos*, de donde procede la palabra cronología. Esta palabra se refiere al tiempo que es lineal, una línea recta que va del pasado al presente y al futuro. La otra palabra que designa el tiempo es *kairos*, y se utiliza para describir un momento específico en el tiempo y un tipo particular de momento; los momentos *kairos* están llenos de potencial, llenos de oportunidades e invitaciones. Si pensamos en el cielo y la tierra como esferas o dimensiones superpuestas, los momentos *kairos* se producen cuando algo del reino celestial irrumpe en el reino terrenal.

Cuando hablo con mis hijos de estos momentos, los llamo «conexiones con Dios» o «momentos de conexión con Dios»: momentos en los que Dios interrumpe nuestra vida cotidiana, llama nuestra atención y nos invita a responderle de alguna manera. (Al hablar con mis hijos, en algún momento me referí a ellos con el nombre «momentos *kairos*», y hasta la fecha, mi hijo Noah habla de «atrapar un *kairos*»).

A veces los momentos de conexión con Dios son dramáticos y profundos. Un buen ejemplo de ello sería Moisés frente a la zarza ardiente. Moisés, uno de los grandes héroes de la historia judeocristiana, llevaba una vida normal como pastor. (Bueno, digamos relativamente normal. En realidad, había huido después de haber asesinado a alguien, pero fuera de eso llevaba una vida normal). Y entonces, un día, su *statu quo* fue dramáticamente interrumpido. Estaba caminando con sus ovejas, ocupándose de sus asuntos, cuando

El ángel del Señor se le apareció entre las llamas de una zarza ardiente. Moisés notó que la zarza estaba envuelta en llamas, pero que no se consumía, así que pensó: «¡Qué increíble! Voy a ver por qué no se consume la zarza». Cuando el Señor vio que Moisés se acercaba a mirar, lo llamó desde la zarza: «¡Moisés, Moisés!». «Aquí estoy», respondió. «No te acerques más», le dijo Dios. «Quítate las sandalias, porque estás pisando tierra santa». (Éxodo 3:2-5)

La experiencia de Moisés ante la zarza ardiente fue un momento de conexión con Dios por excelencia. Dios interrumpió la vida habitual de Moisés. Moisés «se acercó» para ver lo que ocurría y acabó por tener un profundo encuentro con Dios. Ese fue el momento en que Dios llamó a Moisés para que regresara a Egipto a liberar al pueblo de Dios de la esclavitud. Este momento de conexión con Dios marcó la trayectoria de la vida entera de Moisés —y, posiblemente, de la historia de la humanidad—, transformándolo de ser un hombre que se escondía atemorizado a ser un gran libertador del pueblo israelita.

A veces, los momentos de conexión con Dios son gloriosos y extraordinarios. Sin embargo, a menudo vienen a nosotros de formas más sutiles y discretas: un pensamiento que viene a tu mente de forma clara e inesperada, una experiencia que te impacta de una manera única o una conversación que queda resonando en tu mente mucho tiempo después de que haya terminado. Con nuestros hijos, los momentos de conexión con Dios pueden parecerse a una pregunta que nos tome por sorpresa, una conexión que descubren sobre Dios o el mundo, un sueño, una emoción intensa que no pueden explicar del todo (como lágrimas de felicidad), una experiencia de culpa o perdón, una experiencia en el servicio de culto en la iglesia... la lista es interminable.

Uno de los ejemplos más claros que recuerdo de un momento de conexión con Dios es cuando nuestro hijo menor, Silas, que en ese tiempo tenía cuatro años, recibió su cuarto castigo consecutivo por un mal comportamiento durante la cena. Después de disculparse y recibir el perdón por cuarta vez, volvió a sentarse a la mesa. Estaba frente a su plato con los hombros decaídos y se veía muy triste. Le pregunté qué le pasaba y me dijo: «Mi corazón se siente como sucio». De pronto me di cuenta de que ese era un momento de conexión con Dios: sentí que Dios quería llamar nuestra atención.

La manera en que respondemos a estos momentos de conexión con Dios es lo que determinará que se conviertan en poderosos agentes de cambio en nuestras vidas. Cuando reconocemos un momento de conexión con Dios (y hablaremos de cómo hacerlo dentro de un momento), tenemos dos opciones: podemos ignorar el momento y continuar con la vida como de costumbre, o podemos «acercarnos» como Moisés y explorar la conexión con Dios. Cuando lo hagamos, descubriremos oportunidades de discipulado escondidas como tesoros enterrados dentro de estos momentos. En cada momento de conexión con Dios encontraremos maneras en las que Dios nos invita —a nosotros y a nuestros hijos— a ser cambiados y transformados por su Espíritu.

El siguiente gráfico nos ayuda a entender el proceso a través del cual Dios nos cambia:[2]

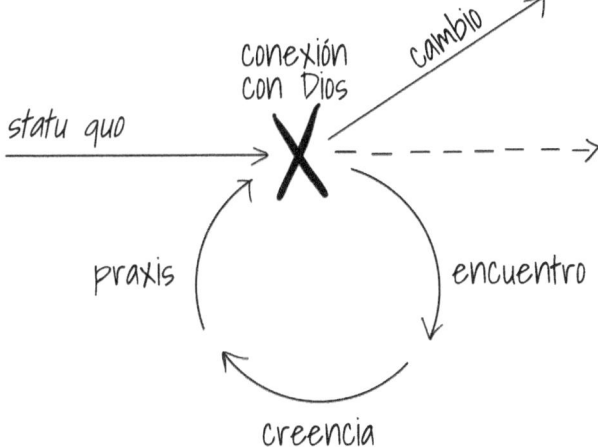

PRIMER PASO: IDENTIFICAR EL MOMENTO DE CONEXIÓN CON DIOS

statu quo → El proceso comienza con la flecha horizontal que comienza en el lado izquierdo llamada *statu quo*. En este espacio llevamos a cabo nuestras actividades diarias normales, avanzando con un pie delante del otro y la vida ocurre como siempre. Esto es como Moisés con sus ovejas, o como mi familia a la hora de cenar unos *nuggets* de pollo muy normales y el comportamiento muy normal de un niño de cuatro años.

De repente, un momento de conexión con Dios nos interrumpe. Algo del reino de Dios irrumpe de alguna manera en el reino terrenal.

conexión con Dios
→ X

Puede sonar grandioso y complejo, pero es realmente tan simple como que algo llame nuestra atención y nos haga tomar conciencia de la presencia de Dios en ese momento. Para Moisés, esta sensación de percibir la presencia de Dios fue sobrecogedora. Escuchó literalmente la voz de Dios que salía de una zarza que ardía pero no se quemaba. Para mí, en la mesa, fue mucho más sutil. Simplemente me vino a la mente que lo que Silas estaba sintiendo cuando dijo «corazón sucio» se parecía mucho a la convicción del Espíritu Santo. Este pensamiento fugaz desvió mi atención de los *nuggets* de pollo y el tiempo de castigo hacia la obra del Espíritu Santo en la vida de mi hijo. Y de repente nos encontrábamos en medio de una conexión con Dios.

Casi cualquier momento, por más común o cotidiano que sea, puede convertirse en un momento de conexión con Dios si simplemente hacemos una pausa e invitamos al Espíritu Santo a que nos lleve a encontrarnos con Él. Estos son algunos ejemplos de momentos en que nuestra familia ha identificado momentos de conexión con Dios en medio de la vida cotidiana:

- Cruzarse con un indigente en la calle
- Oír la sirena de una ambulancia o de un camión de bomberos
- Preguntarse qué pasa cuando uno muere
- Tener una sensación de paz abrumadora mientras se navega en kayak
- Ser herido por un amigo
- Recibir la increíble generosidad de un amigo
- Sentir ansiedad o miedo por algo
- Tener una experiencia en la que lloras de felicidad
- Darse cuenta de que un amigo no conoce a Jesús
- Sufrir la muerte de un ser querido

Cada una de estas experiencias fue como una pequeña zarza ardiente: algo en el reino terrenal que llamó nuestra atención y nos hizo volver el corazón y la mente hacia Dios.

Acércate. Cuando experimentamos un momento de conexión con Dios, nos enfrentamos a una elección. Podemos dejar pasar el momento y volver a la vida de siempre, como Pedro, quien volvió a pescar en Juan 21, representado por la línea horizontal a la derecha de la conexión con Dios. O podemos elegir «acercarnos» y explorar el momento de conexión con Dios.

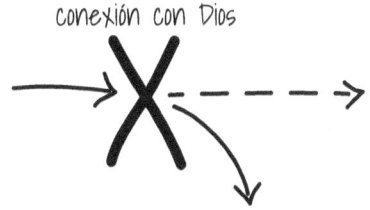

En lugar de volver su atención a sus ovejas, Moisés eligió acercarse y ver por qué no se consumía la zarza. Del mismo modo, yo podría haberle respondido a Silas: «Sí, hijo, no me sorprende que tu corazón se sienta sucio», y dirigir nuestra atención colectiva de nuevo a los *nuggets* de pollo a medio comer. En lugar de eso, tras darme cuenta de que había una pequeña zarza ardiente en la conciencia afligida de Silas, le dije: «¿Por qué no vienes a sentarte sobre mis piernas y hablamos de ello con Jesús?».

A veces tendrás tiempo de hacer un recorrido completo, y otras veces puede que solo tengas tiempo para hacer una parada rápida. Lo que importa es la elección intencionada de responder a la iniciativa de Dios cuando la reconozcas, y que respondas de la manera que te sea posible en ese momento.

Te animo a que utilices aquí la prueba de «no es una prioridad» del capítulo tres. Cuando identifiques un momento de conexión con Dios pero sientas que no puedes detenerte y acercarte, pregúntate: ¿Es realmente cierto? ¿Estás en silencio durante una reunión por videollamada, a punto de que te pidan que presentes tu informe ante la junta? ¿O se trata simplemente de algo inoportuno y no planificado, que cae más en el campo de «no es una prioridad»? ¿Podría valer la pena llegar cinco minutos tarde a la escuela o decirle al amigo con el que estás conversando por mensaje de texto que no tardarás en volver cuando sientes que Dios está buscando la atención de tu hijo?

Mi amiga Corrie describe una ocasión en la que, mientras preparaba la cena, miró a su hija de siete años y pudo ver miedo en su rostro. Harper, demasiado asustada y abrumada como para hablar de ello, estaba claramente recordando una experiencia aterradora que le había ocurrido varias semanas antes. Solo dijo que quería pasar un rato a solas para leer la Biblia. Corrie la vio subir las escaleras, le dio unos minutos y luego tomó la decisión consciente de «acercarse»: dejó la cena a medio preparar y subió a reunirse con Harper en su habitación. Celebró la reacción de Harper de correr hacia Dios cuando sintió miedo y la ayudó a encontrar el Salmo 23. Corrie oró por Harper y luego la dejó seguir disfrutando de un rato a solas con Jesús.[3]

Entrenarnos a nosotros mismos para identificar los momentos de conexión con Dios y tomar la decisión de acercarnos para explorarlos parece tener un costo demasiado alto al momento en que suceden. Corrie sabía que esa noche cenarían tarde. Pero aprender a hacer esto no solo beneficiará a nuestros hijos, sino que, si lo permitimos, profundizará significativamente nuestra propia intimidad con Dios. ¿Cuántas veces pasamos por alto la presencia de Dios con nosotros a lo largo del día, incluso suponiendo que Dios está ausente, sencillamente porque no nos tomamos el tiempo de buscar su rostro? Una de las hermosas realidades de ayudar a nuestros hijos a seguir a Jesús es que nosotros también aprenderemos a seguir a Jesús de maneras nuevas. Buscar intencionadamente las maneras en que Dios se mueve en los momentos más cotidianos nos recordará acerca de su presencia constante, fiel, creativa y persistente.

PASOS DOS A CUATRO: EXPLORAR EL MOMENTO DE CONEXIÓN CON DIOS

Una vez que nos acercamos, tenemos la oportunidad de explorar el momento de conexión con Dios. En el diagrama verás un círculo con tres secciones. Cada sección corresponde a un componente formativo clave de: Encuentro, Creencia y Praxis.

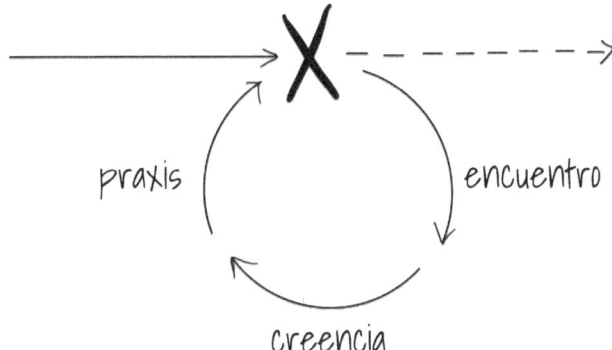

Podemos pensar en estos componentes como la forma en que Dios atrae y capta nuestros corazones (Encuentro), nuestras mentes (Creencia) y nuestros pies (Praxis). El orden de los pasos no es importante, y no tienen por qué suceder todos a la vez. A veces, la experiencia de explorar un momento de conexión con Dios puede extenderse durante días o semanas. Pero cada elemento es esencial.

Sin un Encuentro, nuestra fe no tiene vitalidad, y esto puede llevarnos fácilmente a la experiencia de «vivir en modo automático». Sin una Creencia que tenga fundamento en la Biblia, podemos acabar con una visión bastante deformada —y riesgosa— de Dios y del prójimo. Sin la Praxis, obtenemos lo que ocurre en muchas iglesias los domingos por la mañana: una experiencia poderosa que no cambia en nada nuestra forma de vivir el resto de la semana.

Curiosamente, cada corriente principal de la iglesia tiende a apoyarse en uno de estos componentes más que sobre los otros. Aunque cada corriente ciertamente tiene sus defectos, también ofrece un don, o carisma, a la iglesia más amplia. Podemos aprender sobre los encuentros profundos y poderosos con Dios de nuestros amigos carismáticos. Nuestros hermanos y hermanas evangélicos[4] aportan su pasión por las Escrituras y la claridad doctrinal (Creencia). Y nuestros amigos sacramentales tienen mucho que enseñarnos sobre Praxis: desde las disciplinas espirituales clásicas hasta los rituales de la tradición eclesiástica, pasando por la fe en acción en forma de búsqueda de la justicia.

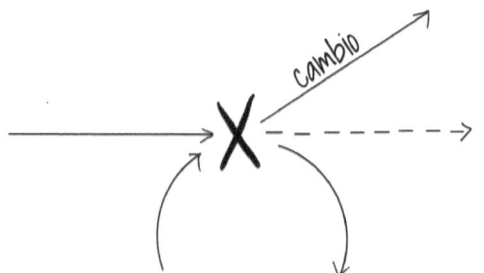

Estos tres componentes —Encuentro, Creencia y Praxis— son los que nos permiten «atrapar» un momento de conexión con Dios y, en última instancia, ser transformados por el mismo. El objetivo de cualquier tipo de discipulado es permitir que el Espíritu Santo nos transforme —a nosotros y a nuestros hijos— cada vez más a la semejanza de Cristo. Este cambio está representado por la flecha diagonal que sale del círculo en una dirección diferente a la de la flecha original.

Discipulado receptivo

Esto es exactamente lo que le ocurrió a Moisés. Debido a su experiencia con Dios ante la zarza ardiente, Moisés, el pastor que vivía escondido con miedo y vergüenza, se convierte en Moisés, el libertador que saca valientemente a su pueblo de la esclavitud de Egipto.

Sigamos aprendiendo de la experiencia de Moisés al explorar cada uno de los tres componentes de este círculo: Encuentro, Creencia y Praxis.

COMPONENTES CLAVE DE UN MOMENTO DE CONEXIÓN CON DIOS

	DEFINICIÓN	MODO	CORRIENTE ECLESIÁSTICA
ENCUENTRO	Interacción directa con Dios	Corazón	Carismática
CREENCIA	Alinear nuestro pensamiento con la verdad bíblica	Mente	Evangélica
PRAXIS	Nuestra parte en nuestra propia formación	Pies	Sacramental

ENCUENTRO

- Definición: interacción directa con Dios
- Modo de intervención: corazón
- Corriente eclesiástica: carismática

Moisés tuvo un poderoso encuentro con Dios frente a la zarza ardiente. No se conformó simplemente con pensar en Dios o hacerse preguntas acerca de Dios mientras miraba fijamente a la zarza, sino que interactuó con Dios directamente, conversando con Él, escuchándolo y haciéndole preguntas difíciles. Los seres humanos fueron diseñados para una relación de intimidad con Dios. Vemos esta comunión representada en el Génesis: vemos a Adán y Eva caminando y hablando con Dios como lo harían con un amigo. Los apóstoles disfrutaron de este tipo de comunión con Jesús, y por medio del Espíritu Santo, este tipo de comunión está disponible para nosotros también. Y está al alcance de nuestros hijos, incluso de nuestros bebés. Sí, has leído bien. Es cierto que los niños pequeños aún no han desarrollado su capacidad de pensamiento abstracto. Sin embargo, a veces suponemos que como no son capaces de comprender racionalmente a Dios, tampoco son capaces de interactuar con Dios. Si seguimos esta suposición hasta su conclusión natural, exponemos algunas falacias teológicas riesgosas: ¿Realmente creemos que poseer una mente sana, racional y pensante es el requisito previo para una relación significativa con Dios? ¿Qué hay entonces de las personas con discapacidad intelectual y cognitiva, enfermedades mentales o demencia? Nuestra capacidad de conocer a Dios nunca ha dependido de la capacidad de nuestras mentes; pensar lo contrario sería asignar una importancia desmedida a nuestro papel en la relación. Para que los seres humanos, que somos limitados y finitos, interactuemos con un Dios santo e infinito, la humanidad nunca es capaz de ser quien establece el puente de conexión con Dios: es Dios el que se acerca y nos permite conocerlo.

Al considerar esta realidad —que Dios establece un puente de conexión a través de una distancia infinita para interactuar con las personas adultas—, no es difícil asumir que Dios puede interactuar con los niños, incluso con los bebés y niños pequeños, y que ellos pueden interactuar con Él. La distancia entre un bebé y un adulto es minúscula comparada con la que hay entre un adulto y Dios, como se ilustra en las páginas siguientes. Es más, las Escrituras nos dicen que «el Espíritu mismo intercede por nosotros con gemidos que no pueden expresarse con palabras» (Romanos 8:26). Aunque las palabras y el lenguaje pueden ser útiles para que un niño madure en su fe, el lenguaje humano no es el fundamento de la

Discipulado receptivo

intimidad con Dios. Es simplemente el umbral en el que los padres empiezan a tener una visión concreta de la espiritualidad de su hijo.

Hace poco hablé con la madre de una niña de dieciocho meses sobre esta idea, y mientras hablábamos esbozó una sonrisa. «Es curioso», me dijo. «Leemos muchos libros con nuestra hija, y me he dado cuenta de que siempre que leemos específicamente un libro de cartón sobre la Pascua, hay una página en la que se queda callada. Todo su cuerpo se calma y se queda muy quieta, mirando la página durante un buen rato antes de estirar la mano para pasarla. No lo hace con ningún otro libro, solo con este». ¿Podría ser esta pausa reverente la forma en que una bebé de dieciocho meses responde a un encuentro con el Espíritu Santo a través de la historia de Jesús? ¡Por supuesto! Estoy convencida de que no hay nadie a quien Dios no pueda alcanzar y con quien no pueda comunicarse, y eso incluye incluso a nuestros bebés más pequeños.

CREENCIA

- Definición: pensamiento correcto sobre Dios, nosotros mismos y el mundo; corrección de las creencias erróneas.
- Modo de intervención: mente
- Corriente eclesiástica: evangélica

creencia

Además de tener un poderoso encuentro con Dios frente a la zarza ardiente, el pensamiento de Moisés se refinó y clarificó. Antes de que pudiera responder a la invitación de Dios de regresar a Egipto, algunas de sus creencias fundamentales necesitaban alinearse con la verdad de Dios: creencias sobre sí mismo y creencias sobre Dios. Moisés necesitaba escuchar a Dios decir que Él podía usarlo a pesar de su pasado, su falta de confianza y su dificultad para hablar (Éxodo 3:11; 4:1; 4:10). Y Moisés necesitaba saber que Dios estaría con él, cuál era el nombre de Dios y que Dios sería su apoyo y respaldo demostrándole su poder mediante señales (Éxodo 3:12; 3:14; 4:8).

DIOS
1

Pensar correctamente sobre Dios es tan importante como nuestra comunión honesta y de corazón con Él. Como dice la frase célebre de A. W. Tozer: «Aquello que viene a nuestras mentes cuando pensamos en Dios es lo más importante acerca de nosotros».[5] Al explorar las conexiones con Dios, se nos invita a examinar lo que creemos —no solo sobre Dios, sino también sobre nosotros mismos, nuestros hijos y el mundo que nos rodea— y permitir que las Escrituras corrijan con cuidado las áreas que están desordenadas. Esto es a lo que se refería Pablo cuando instó a la iglesia de Roma a ser «transformados mediante la renovación de su mente» (Romanos 12:2). Se nos invita a que permitamos que las Escrituras se conviertan en nuestra plomada para determinar lo que es bueno, verdadero, y, en última instancia, real. Una plomada es un instrumento antiguo de nivel, que tiene un peso de plomo atado a una cuerda, y es utilizado por los constructores para determinar cuál es la perpendicular exacta. Sin una plomada, la «perpendicularidad» se convierte rápidamente en una cuestión de opinión basada en la perspectiva particular de cada uno. De la misma manera, las Escrituras actúan como una plomada para lo que pensamos sobre todo lo que importa de verdad en la vida.

PRAXIS

- Definición: nuestra parte en nuestra propia formación
- Modo de intervención: pies
- Corriente eclesiástica: sacramental

praxis

Mientras Moisés seguía dialogando con Dios en la zarza ardiente, el próximo paso se hizo evidente: tenía que volver a Egipto. Si no hubiera dado este último paso crucial, habría vuelto a cuidar ovejas y no se habría producido ningún cambio significativo en su vida ni en el mundo que lo rodeaba. La decisión de Moisés de actuar en obediencia a Dios completa esta experiencia transformadora, enviándolo a dar un paso en una dirección diferente.

La Praxis nos invita a llevar nuestro dicho al hecho. Sin Praxis, nuestro discipulado permanece en el ámbito de nuestro mundo interior —nuestras experiencias con Dios, nuestros pensamientos sobre Dios—, pero no llega a cambiar nuestra vida cotidiana. Por eso Santiago afirma que «la fe sin obras está muerta» (Santiago 2:26). ¿Cuántas veces he tenido un encuentro conmovedor con Dios durante el culto, o he tenido pensamientos profundos sobre Dios mientras escuchaba un sermón, pero luego seguí viviendo de la misma manera? En muchas iglesias occidentales, la Praxis es el componente que falta para un crecimiento y una transformación espirituales duraderos. Así como aprender a reconocer los momentos de conexión con Dios en la vida de los niños nos enseñará a reconocer cuando Dios está obrando en nuestras propias vidas, de la misma forma, ayudar a nuestros hijos a poner en práctica lo que han aprendido y experimentado sobre Dios nos capacitará para aplicarlo a nuestras vidas también.

El cambio en la vida de Moisés —y la liberación de toda la nación de Israel— ocurrió porque Dios tomó la iniciativa de llamar a Moisés desde la zarza ardiente. Nadie se sentó con Moisés para crear un plan de discipulado que lo preparara para regresar a Egipto y enfrentarse cara a cara con el Faraón. Dios simplemente intervino en su vida; sin embargo, Moisés prestó atención, se desvió de su rutina y permitió que Dios utilizara ese momento para cambiarlo.

En el siguiente capítulo veremos cómo preparar este tipo de experiencia para nuestros hijos mientras los guiamos a través de cada paso de este proceso. Yo creo que es a través de los corazones sucios, las sirenas de ambulancia y las lágrimas de felicidad que Dios sigue encendiendo zarzas en nuestras vidas y en las vidas de nuestros hijos.

PREGUNTAS PARA REFLEXIONAR

1. ¿Cuál fue la última conexión con Dios que recuerdas haber experimentado en tu vida (ya sea algo relacionado con la crianza de tus hijos o no)?
2. ¿Qué ocurrió y cómo respondiste?
3. ¿Cuál de los tres componentes (Encuentro, Creencia y Praxis) puedes identificar en esta experiencia?
4. ¿Qué puede impedirte que reconozcas un momento de conexión con Dios cuando está sucediendo? ¿Qué podría impedirte «acercarte» cuando reconoces uno?
5. Reflexiona sobre el Encuentro, la Creencia y la Praxis: ¿Hacia cuál te sientes más atraído? ¿Cuál de estos elementos tiende a ser el menos fuerte en tu propio caminar con Jesús? ¿Cómo se refleja esto a la hora de guiar a tus hijos?
6. ¿Has vivido alguna vez un momento de conexión con Dios junto a tu hijo? ¿Qué notaste, sentiste y aprendiste de esta experiencia?

Para líderes y pastores

1. ¿De qué manera podría serte útil el tema de este capítulo en el contexto único de tu ministerio? ¿Ves usos o aplicaciones más allá del discipulado de los niños?
2. ¿Tu iglesia tiende a inclinarse más hacia el Encuentro, la Creencia o la Praxis? ¿Qué implicaciones tiene esto?

5

CORAZONES SUCIOS Y LA ANSIEDAD DE ASLAN

Cómo guiar a nuestros hijos a través de los momentos de conexión con Dios

> *Es posible que hayas oído discursos desafiándote a «traer a estos niños a Dios». Parece que no nos hemos dado cuenta que Dios ya está ahí y está actuando. Necesitamos abrir nuestros ojos y ver dónde está obrando.*
>
> **KATHRYN COPSEY,** *FROM THE GROUND UP*

YA QUE TENEMOS UNA BUENA BASE sobre qué son los momentos de conexión de Dios y cómo «atraparlos», hablemos de qué significa guiar a nuestros hijos a través de esta experiencia. Este proceso consta de cuatro pasos sencillos: (1) identificar el momento de conexión con Dios, (2) facilitar el Encuentro, (3) esclarecer la Creencia y (4) alentar la Praxis.

Como ya hemos hablado del proceso de identificación de las conexiones con Dios en el capítulo cuatro, este capítulo se centrará principalmente en los pasos dos a cuatro. Estos pasos no siempre son lineales, pero he descubierto que este orden es útil cuando guío a mis propios hijos a través de un momento de conexión con Dios.

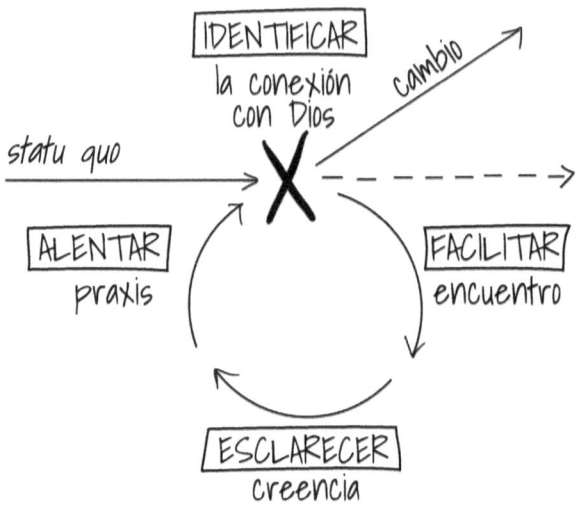

CÓMO GUIAR A NUESTROS HIJOS A TRAVÉS DE UN MOMENTO DE CONEXIÓN CON DIOS

	DEFINICIÓN	PAPEL DE LOS PADRES	PREGUNTA CLAVE
ENCUENTRO	interacción directa con Dios	facilitar	¿Cómo puedo ayudar a mi hijo a tener comunión directa con Dios?
CREENCIA	alinear nuestra manera de pensar con la verdad bíblica	esclarecer	¿Cómo puedo reforzar el aprendizaje con la verdad bíblica?
PRAXIS	nuestra parte en nuestra propia formación	alentar	¿Cómo puedo capturar lo aprendido en una acción práctica o un paso de acción?

Pero antes, quisiera aclarar que los padres de bebés y niños pequeños no deben guardar este capítulo hasta que sus hijos sean mayores. Este es el momento perfecto para capacitarte para reconocer y responder a los momentos de Dios, tanto en lo que se refiere a la crianza de tus hijos como en otros aspectos de tu vida. Recuerda que incluso el bebé más pequeño es capaz de interactuar con Dios. Mientras buscas tener un encuentro con Dios tú mismo, puedes pedirle a Dios que le hable a tu bebé, aunque tú nunca llegues a oírlo.

SEGUNDO PASO: FACILITAR EL ENCUENTRO

- Definición: interacción directa con Dios
- Papel de los padres: facilitar
- Pregunta clave: ¿Cómo puedo ayudar a mi hijo a interactuar directamente con Dios?

Después de identificar el momento de conexión con Dios y acercarnos, el siguiente paso es facilitar el Encuentro. Utilizo aquí la palabra *facilitar* con gran intencionalidad. El objetivo de este paso es ayudar a nuestros hijos a interactuar directamente con Dios: a que le hablen y escuchen su voz, sin hacerlo siempre por medio de nosotros.

Si somos sinceros, muchos de nosotros probablemente preferiríamos servir como mediadores en estos encuentros en lugar de facilitarlos. Mediar entre nuestros hijos y Dios significa guiar la relación por ellos, mientras que facilitarla representa dar un paso pequeño pero intencionado hacia un lado, a fin de fomentar una relación independiente.

Cuando empecé a escribir este libro, mi madre luchaba contra una horrible enfermedad neurológica llamada atrofia multisistémica (AMS) que le arrebató tanto la movilidad como el habla. Los efectos son similares a los de la enfermedad de Lou Gehrig. Si tienes curiosidad, búscalo en internet y ora por que surja una cura. A pesar de la pérdida de la mayor parte de sus funciones físicas, la mente de mi mamá se mantuvo fuerte y clara hasta el final. Incluso aprendió, con gran dificultad, a escribir correos electrónicos cortos con los ojos utilizando un dispositivo de escaneo de retina. En la conversación que sería nuestro último diálogo por correo electrónico antes de su muerte, le pregunté qué consejo le daría a los padres que están aprendiendo a discipular a sus hijos. Esto es lo que me dijo:

> Yo le diría a los padres que quieren ver que sus hijos sean discipulados: tenemos la tentación de convertirnos en un intermediario para nuestros hijos, diciéndole a Dios lo que el niño quiso decir, y al niño lo que Dios quiso decir. No. Debemos entregarle nuestros hijos a Dios lo antes posible. ¡Debemos quitarnos de en medio! De esa manera, cuando el niño, como parte natural del crecimiento, rechace los valores de sus padres, no rechazará a Dios, porque Dios será suyo.[1]

Lo que mi mamá quería decir es que tenemos la tentación de mediar en la relación de nuestros hijos con Dios, en lugar de facilitarla. Hay varias razones para ello.

Primera tentación: el temor. Tememos las oraciones sin respuesta, las preguntas difíciles, las dudas y las decepciones. Sabemos que estas cosas forman parte del camino espiritual —nosotros mismos las hemos experimentado— y queremos proteger a nuestros hijos de ellas tanto como sea posible. Sentimos la necesidad de dar explicaciones claras, y nos preocupamos por tener todas las «respuestas correctas». Suponemos que nuestras palabras, cuidadosamente escogidas, son lo único que se interpone entre nuestros hijos y la pérdida de su fe.

Si luchas con este tipo de temor, te invito a que confíes en que Dios saldrá a tu encuentro y al de tus hijos en medio de cualquier desafío al que se enfrenten en este viaje. Piensa en la historia de Jesús dormido en la barca mientras los discípulos entran en pánico por la tormenta. Lo despiertan y le preguntan: «¡Maestro!... ¿no te importa que nos ahoguemos?» (Marcos 4:38). Tal vez la pregunta que no puedes contener es: «Jesús, ¿no te importa si mis hijos pierden la fe?». Tal vez te sientas agotado tras intentar explicarle a tus hijos la realidad de la oración sin respuesta, del sufrimiento o de la muerte, de la misma manera que los discípulos probablemente estaban agotados de sacar agua de su barca casi inundada.

Pero entonces, Jesús «se levantó, reprendió al viento y ordenó al mar: "¡Silencio! ¡Cálmate!". El viento se calmó y todo quedó completamente tranquilo» (Marcos 4:39). En tu situación particular, acallar al viento y las olas podría significar que Dios traiga paz directamente al corazón de tu hijo de una manera que tus palabras nunca podrían lograr.

Segunda tentación: el control. Para algunos de nosotros, aprender a renunciar al control va a ser una lucha clave durante todo nuestro viaje como padres. Mediar en la relación entre Dios y nuestros hijos nos mantiene en el asiento del conductor, con el pie en el acelerador, encargándonos de todos los giros y vueltas. A menudo esto se traduce en brindar, o imponer, muchas actividades espirituales —desde la asistencia a la iglesia hasta la participación en grupos de jóvenes y campamentos— sin proveer las herramientas que el niño necesita para tener una comunión profunda con Dios en su corazón. Esto puede conducir a un énfasis excesivo en los marcadores externos en el caminar del niño con Dios —buen comportamiento, marcar todas las casillas correctas, hacer todas las cosas correctas— a expensas de tener un verdadero Encuentro.

Si esta es tu lucha, te invito a descansar al saber que Dios es Dios, y tú no. El control a menudo es simplemente un miedo que sabe cómo dirigir. Debajo de ese ajetreo hay un corazón ansioso que no sabe cómo descansar. En lugar de eso, permite que Jesús te guíe como tú guías a tus hijos. Recuerda que en esta relación tú eres el buey joven —Jesús es el único que realmente tiene el control—, y recibe estas sus famosas palabras: «Vengan a mí todos ustedes que están cansados y agobiados; yo les daré descanso. Carguen con mi yugo y aprendan de mí, pues yo soy apacible y humilde de corazón, y encontrarán descanso para sus almas. Porque mi yugo es suave y mi carga es liviana» (Mateo 11:28-30).

Tercera tentación: *la incredulidad.* Por último, muchos de nosotros simplemente no creemos que nuestros hijos puedan interactuar directamente con Dios de la forma que estoy describiendo. No podemos imaginar que un niño de tres, cuatro o incluso doce años pueda aprender a oír y reconocer la voz de Dios. En el fondo suponemos que las cosas que los niños dicen experimentar en esta área son producto de su propia imaginación o simples coincidencias fascinantes. Sin embargo, cuando examinamos estas suposiciones más de cerca, y las seguimos hasta su conclusión natural, descubrimos la suposición paralela de que Dios es incapaz de interactuar con nuestros hijos.

Si te cuesta aceptar la idea de que Dios pueda hablarle directamente a tu hijo, tengo dos invitaciones para ti. En primer lugar, tómate un tiempo para explorar por qué te cuesta creer esto. ¿De dónde viene esta idea? Tal vez quieras reflexionar sobre la historia del joven Samuel en 1 Samuel 3. En esta historia, Elí nos muestra una hermosa imagen de lo que significa facilitar una relación entre Dios y un niño. Samuel escucha la voz de Dios por la noche, pero es demasiado joven para reconocer que esa voz es la voz de Dios, y asume que es la de Elí. Cuando Elí se da cuenta de lo que ocurre, no se inmiscuye en la experiencia de Samuel. Se limita a decirle quién lo está llamando y cómo debe responder: «Habla, Señor, que tu siervo escucha» (1 Samuel 3:9). Samuel lo hace, y Dios le habla directa y claramente.

La segunda invitación es seguir el ejemplo de Elí y simplemente ver qué sucede cuando preparas el escenario para que tus hijos interactúen directamente con Dios. ¿Qué te dicen de su experiencia? ¿Qué notas tú en ellos? ¿Qué cosas aprendes? ¿Vale la pena intentarlo? Un día, el hijo de nueve años de mi amiga Lisa tuvo una pequeña crisis porque no lograba atrapar el balón de fútbol americano durante un juego familiar. Se sentía frustrado y abrumado, y se enfureció. En lugar de hablar con él buscando alentarlo, Lisa lo animó a que se tomara unos minutos para calmarse y le dijo que luego hablara con Dios sobre cómo se sentía. Cuando fue a verlo un poco más tarde, su actitud había cambiado por completo. Se le iluminaron los ojos y dijo: «¡Mamá, Dios me habló! Mientras miraba por la ventana y veía cómo se les caía el balón a todos ustedes como cinco veces seguidas, oí la voz de Dios que decía: "Cualquiera puede fallar"». En ese momento se echó a llorar en los brazos de Lisa, en lo que ella describe como un momento de total vulnerabilidad y del poder del Espíritu en su vida.[2]

Es necesario aclarar que sí hay una forma importante en la que Dios nos invita a participar en su conexión con nuestros hijos. Ayudar a nuestros hijos a entender a Dios y su reino forma parte del ministerio que nos ha encomendado. Sin embargo, hay una diferencia: *mediar la relación* nos lleva a interponernos entre nuestro hijo y Dios y actuar como un traductor, mientras que *facilitar la relación* consiste en estar a su lado, tomar a nuestro hijo de la mano, experimentar a Dios juntos, y pasar gradualmente a un segundo plano a medida que nuestro hijo empieza a fomentar una relación independiente con Dios.

Entonces, ¿cómo lo hacemos? ¿Cómo facilitamos el Encuentro?

Volvamos a mi mesa y al «corazón sucio». Silas aceptó de buena gana venir a sentarse en mi regazo y hablar con Jesús sobre lo que estaba pasando. Con los hombros todavía caídos, caminó alrededor de la mesa, se sentó sobre mis piernas y se fundió en mi pecho. Le pedí que cerrara los ojos y le pedí al Espíritu Santo que le hablara. Animé a Silas a que intentara imaginarse a Jesús en su mente y a que se fijara en cualquier cosa que Jesús dijera o hiciera. Nos sentamos en silencio durante un rato y luego le pregunté: «¿Puedes ver a Jesús?». Dijo que sí. «¿Qué está haciendo?». Greg y yo esperamos con la respiración contenida, esperando que la respuesta no fuera algo como «tirándose un gas».

En cambio, Silas dijo esto: «Se está llevando mi corazón sucio y me está dando uno nuevo».

Se me salieron las lágrimas. Estaba conmovida en gratitud a Jesús por hablarle tan claramente a mi niño. Mediar en este encuentro habría sido algo como orar *por* Silas. En el caso de Lisa, habría sido algo como darle a su hijo palabras de ánimo sobre sus habilidades deportivas agregando algunos versículos bíblicos alentadores. Y no hay nada malo en orar por nuestros hijos o compartir las Escrituras con ellos. Deberíamos hacerlo, ¡y con frecuencia! Pero en la situación del «corazón sucio», si soy completamente sincera, mi oración probablemente se habría centrado en pedirle a Dios que ayudara a Silas a comportarse. En ese momento, jamás se me habría ocurrido invitar a Jesús a que tomara el corazón sucio de Silas y pedirle que le diera uno nuevo. Solo Jesús podía hacer eso por él. Aprender a facilitar estos encuentros ayudará a nuestros hijos a experimentar más de la presencia de Jesús de lo que jamás podremos exponerles por nuestros medios.

Aquí va otro ejemplo. Cuando Noah, mi hijo mayor, tenía siete años, le presentamos los libros de Narnia. Devoró *El león, la bruja y el ropero* en menos de una semana. La noche que lo terminó, nuestros amigos Sarah y Shin estaban de visita. Un rato después de que se fuera a la cama, Noah volvió a la sala y nos contó que había terminado el libro. Estábamos muy emocionados de poder ayudarle a establecer la conexión entre Aslan y Jesús, y explicarle la metáfora más amplia en la historia.

Al principio, Noah estaba fascinado, pero su fascinación pronto se convirtió en temor. Empezó a sentir pánico. «Espera, si C. S. Lewis escribió esta historia sobre Aslan y él no es real, ¿cómo sé que la historia de Jesús es real? ¿Y si los autores de la Biblia también se inventaron esas historias?». Estaba muy angustiado. Intentamos consolarlo, pero a los pocos minutos exclamó: «Creo que ya no creo en Dios».

Es aterrador oír estas palabras en los labios de tu hijo. Sinceramente, si Sarah y Shin no hubieran estado con nosotros, no estoy segura de que habríamos mantenido la calma como lo hicimos. En parte porque teníamos público, y en parte por la gracia de Dios, no exteriorizamos nuestra ansiedad, sino que decidimos guiar a Noah por el mismo proceso por el que guiamos a Silas en el incidente de la cena.

Le pedimos a Noah que se sentara con nosotros y hablara con Jesús sobre cómo se sentía. Le pedimos que cerrara los ojos, que se imaginara a Jesús en su mente y que mantuviera una conversación con Él. Lo animamos a que le contara a Jesús lo que le preocupaba. Así que le dijo a Jesús: «Ya no sé si eres real». Nos sentamos en silencio durante un rato, los cuatro adultos orando en silencio y con fervor, y Noah escuchando pacientemente. Finalmente, Noah abrió los ojos y dijo: «Jesús dijo: "¿Estás conmigo, Noah?"». Para ser sinceros, esto no era lo que ninguno de nosotros esperaba oír. Alentamos a Noah diciéndole que era maravilloso que escuchara la voz de Dios y, en un instante de pura brillantez, Greg dijo: «¿Sabes qué? Es tarde. Hablemos más de esto en la mañana, cuando nuestras mentes estén más despiertas». Esto nos dio un espacio muy necesario para orar y procesar sin la presión de tener a Noah esperando a que le diéramos sentido a todo.

En esta situación, mediar en la relación habría consistido en calmar los temores de Noah con nuestras propias palabras, dándole «pruebas» de la autoría bíblica, y recordándole todo lo que había experimentado de la presencia de Dios hasta ese momento. Y sí hicimos algo de eso. No digo que ese tipo de liderazgo no sea importante. Pero en esta situación, la clave del momento esclarecedor de Noah (que describiré en breve) fue una simple palabra pronunciada directamente de la boca de Dios a su corazón. Facilitamos ese encuentro ayudando a Noah a escuchar la voz de Dios en medio de su duda y confusión. Él no podría haber interpretado lo que oyó de Dios sin nuestra ayuda, pero no habríamos sido capaces de guiarlo a través de su mar de dudas sin la intervención de Dios que llegó en la forma de ese mensaje.

La práctica de oración imaginativa en la siguiente sección es la que Greg y yo utilizamos en estos dos ejemplos para facilitar el encuentro entre nuestros hijos y Jesús. Creo que es una forma maravillosa de invitar a nuestros hijos a empezar a construir una relación personal con Dios, y hemos utilizado esta práctica desde que tenían unos tres años. Pero esta es solo una manera de ayudar a tus hijos a encontrarse con Dios. Muchas veces, facilitar el Encuentro implica simplemente invitar a nuestros hijos a expresar sus pensamientos directamente a Dios en lugar de a nosotros, darles espacio para conectar con Dios a través de las Escrituras, como hizo Corrie con Harper en el capítulo cuatro, o animarles a alguna otra forma creativa de relacionarse con Dios.

Por ejemplo, mi amiga Hope ha notado que su hija de seis años no se anima a orar en voz alta, pero es prolífica al escribir sus oraciones. Mientras que sus oraciones verbales suelen limitarse a «oramos por tal persona» o «gracias, Dios, por...», sus oraciones escritas a partir de sencillas indicaciones incluyen hermosas expresiones de adoración, confesión e intercesión.[3] El método específico que utilicemos no es tan importante como la intención de crear un espacio para que nuestros hijos se relacionen directamente con Dios a su manera.

LLÉVATE ESTA IDEA: ORACIÓN IMAGINATIVA

Puedes implementar esta práctica durante un momento de conexión con Dios, como lo hicimos con nuestros hijos, o puede convertirse en una práctica habitual que incorpores a tus ritmos de discipulado planificado. Un recurso maravilloso que utiliza esta práctica es el libro de Jared Patrick Boyd, *Imaginative Prayer*.[4]

Edades: A partir de preescolar

Necesitarás:
- Algunos momentos de tranquilidad
- Un lugar cómodo, con una manta y una almohada (opcional)
- Música relajante (opcional)

Instrucciones:
- Invita a tu hijo a buscar un lugar tranquilo y cómodo.
- Pon música instrumental suave. Si se trata de una práctica habitual, puedes considerar la posibilidad de utilizar siempre la misma música para producir una respuesta de relajación.
- Explícale la práctica. Dile a tu hijo: «¡Vamos a usar nuestra imaginación para hablar con Jesús!».
- Guía a tu hijo durante la práctica (de tres a cinco minutos como máximo).
  - Invítalo a cerrar los ojos.
  - Invítalo a imaginarse a Jesús. Tal vez están dando un paseo juntos o sentados juntos en un lugar favorito.
  - Invítalo a preguntarle o contarle a Jesús cualquier cosa que quiera.
  - Pídele que observen cualquier cosa que Jesús diga o haga en respuesta.
  - Invítalo a abrir los ojos.
- Invita a tu hijo a compartir contigo cualquier cosa que haya visto u oído.

- Examina el mensaje a la luz de las Escrituras y con lo que sabes que es verdad de Dios. Si lo que Jesús dice o hace te recuerda a un versículo o historia bíblica, ¡compártelo! Siempre y cuando el mensaje se parezca al carácter de Jesús y no contradiga nada de lo que sabes de las Escrituras, finaliza la práctica dando gracias a Jesús por hablarle a tu hijo.

Qué hacer si en la experiencia de tu hijo Jesús hace algo que no parece ser Jesús o que contradice las Escrituras:

- Si es simplemente algo tonto e inocente, no te preocupes. Una vez, Silas nos dijo que Jesús se había convertido en un diente gigante que hablaba. Nos reímos y dijimos: «¡Vaya, ese Jesús es muy divertido!».
- Si cuentan algo que resulta incorrecto —como que Jesús avergüenza al niño o dice algo categóricamente falso—, es mejor ser directo. Puedes decir algo como esto: «Bueno, no estoy seguro de que Jesús te dijera eso, cariño. Sé que Jesús no diría que eres estúpido porque la Biblia nos dice que Dios es amor, y eso no suena muy amoroso, ¿verdad? ¿Quieres intentar escuchar de nuevo?».

Aprender a facilitar el Encuentro lo antes posible te será muy útil a ti y a tus hijos cuando crezcan. Como nos recordaba mi madre, que los niños afirmen su sentido de independencia de sus padres es una parte natural del crecimiento. Y al ayudarles a desarrollar su propia relación con Jesús lo antes posible, «no rechazarán a Dios, porque Dios será suyo».

TERCER PASO: ESCLARECER LA CREENCIA

- Definición: alinear nuestro pensamiento con la verdad bíblica
- Papel de los padres: esclarecer
- Pregunta clave: ¿Cómo puedo reforzar este aprendizaje con la verdad bíblica?

El siguiente paso es esclarecer la Creencia de nuestros hijos, es decir, ayudarles a examinar lo que creen sobre Dios, sobre sí mismos y sobre el mundo con la plomada de la Biblia. A veces, esto implica señalarles un versículo o una historia específica de las Escrituras. Otras veces, esclarecer la Creencia consiste simplemente en recordarles a nuestros hijos verdades sobre el carácter de Dios o las verdades fundamentales sobre el mundo que conocemos basadas en las Escrituras. Por ejemplo, cuando surge un momento de conexión con Dios cuando tu hijo responde ante algo tal como Cristo lo haría —misericordia, compasión, generosidad—, esclarecer la Creencia a menudo consiste en la simple afirmación de que su respuesta no solo es honorable y buena, sino también semejante a la de Cristo.

Volviendo a nuestra conexión con Dios durante aquella cena, Silas acababa de decirnos que Jesús estaba tomando su corazón sucio y estaba dándole uno nuevo. Desde el otro lado de la mesa, Greg agregó: «Silas, eso suena exactamente como algo que Jesús haría. ¿Sabías que, en la Biblia, Dios dice que quitará los corazones sucios de la gente y les dará unos nuevos? Ezequiel 36:26 dice: "Les daré un nuevo corazón y derramaré un espíritu nuevo entre ustedes; quitaré ese corazón de piedra que ahora tienen y les pondré un corazón de carne"». Greg pudo confirmar que lo que Silas experimentó en la oración coincidía completamente con lo que sabíamos que era verdad acerca de Dios a partir de las Escrituras.

Cada vez que cuento esta historia, me apresuro a resaltar que Greg tiene una memoria casi fotográfica y es mejor al recitar las Escrituras de memoria que ninguna otra persona que conozca. Aunque sí pude reconocer la imagen, sé que yo no habría sido capaz de recordar el capítulo y el versículo como él lo hizo. Cuanto más tiempo pasemos nosotros mismos con las Escrituras, más recordaremos las ideas y los conceptos que podemos utilizar para reforzar o corregir las creencias en desarrollo de nuestros hijos (y siempre podemos pedir ayuda a Siri o Google —o, en mi caso, a Greg— con la referencia).

Permítanme hacer una pausa aquí y volver a nuestra Matriz de Gracia/Desafío, ilustrada de nuevo para ustedes a continuación. Toma nota de en qué cuadrante estás viviendo ahora mismo. Si necesitas tomarte un momento para reajustarte y reubicarte en el cuadrante de la Libertad, te animo a que lo hagas antes de continuar.

Si bien nadie necesita un título teológico para guiar a nuestros hijos a través de los momentos de conexión con Dios, creo que ser intencional sobre la Creencia elevará naturalmente nuestro propio nivel de alfabetización bíblica. Cada vez que oigo a un padre o madre decir algo como «Siento que apenas conozco la Biblia. ¿Cómo voy a saber qué decir en esos momentos de conexión con Dios?», siempre digo tres cosas:

	GRACIA mayor	
	Esto no es lo mío	Esto es una invitación a crecer
	Esto es imposible y sin sentido	Soy un fracaso y voy a arruinar a mis hijos
	menor ← DESAFÍO → mayor	

1. ¡Solo empieza a leer la Biblia! No te inscribas en un seminario, ni gastes cientos de dólares en comentarios bíblicos, ni tampoco bajes los brazos y renuncies porque te sientes inseguro o porque sientes que no tienes suficientes

recursos. Simplemente invierte en tu propio discipulado comenzando con un plan básico de lectura de la Biblia. Da el primer paso.

2. Date cuenta de que no necesitas tener algo asombroso que decir en ese momento. Una respuesta como: «Buena pregunta, no estoy seguro» siempre es aceptable. Aunque nos sintamos presionados en ese momento, no hay ninguna urgencia. Volver a hablar con nuestros hijos dentro de uno o dos días, o incluso dentro de una semana, para reanudar la conversación es totalmente aceptable.

3. Recuerda que dispones de innumerables formas de ayuda cuando llamas a un amigo. Cuando algún tema te deje sin palabras, recuerda que siempre puedes enviar un mensaje de texto a tu pastor o a un amigo de confianza para pedir ayuda. Ninguno de nosotros puede hacer esto solo.

Esto es exactamente lo que hicimos cuando Noah, al escuchar la voz de Dios en su momento de duda, oyó algo a lo que no pudimos encontrar sentido inmediatamente: «Noah, ¿estás conmigo?». Animarlo a irse a dormir con la seguridad de que seguiríamos hablando del tema por la mañana nos permitió darnos el lujo de tener tiempo extra para orar, procesar con amigos (que dio la casualidad que ya estaban en la habitación con nosotros) y pensar mucho.

Mientras hablábamos, de pronto pensé en Juan 15:4: «Permanezcan en mí y yo permaneceré en ustedes. Así como ninguna rama puede dar fruto por sí misma, sino que tiene que permanecer en la vid, así tampoco ustedes pueden dar fruto si no permanecen en mí». ¿Podría ser la pregunta que Noah escuchó de Dios, «Noah, ¿estás conmigo?», una versión de siete años de «Noah, permanece conmigo»? Lo consultamos con la almohada y, por la mañana, le dije a Noah: «¿Has visto cómo cada temporada limpiamos tu cómoda y regalamos la ropa que es muy pequeña?

Si no lo hiciéramos nunca e intentaras ponerte la misma ropa que cuando tenías tres años, probablemente te resultaría muy incómodo y se vería gracioso. Me pregunto si lo mismo podría estar sucediendo con las formas en que te relacionas con Dios. Las cosas que te ayudaban a conectar con Dios cuando tenías tres años podrían estar quedándote un poco "pequeñas". Creo que cuando Dios preguntó: "Noah, ¿estás conmigo?", podría significar que Dios está pidiendo más tiempo contigo, y una conexión más profunda, para que puedan sentir que están más cerca el uno del otro. Tengo una idea de cómo podrías hacer eso, pero es una sorpresa. Te lo enseñaré después de la escuela».

Al igual que en nuestra experiencia con Silas en la mesa, al contrastar el mensaje de Dios con las Escrituras, pudimos confirmar que lo que Noah había oído era realmente la voz de Dios. Interpretamos la palabra por él y le ayudamos a saber qué hacer con ella. En este caso, tomó un poco más de tiempo y se necesitó hacer una pausa en la conversación para hacerlo bien, y eso fue bueno y no impidió el aprendizaje en absoluto.

Cuando esclarecemos la Creencia a nuestros hijos, les enseñamos a utilizar las Escrituras como una plomada. Estamos demostrando que todo lo que pensamos sobre Dios, sobre nosotros mismos y sobre el mundo está formado e influenciado por una fuente externa de verdad. Y les ayudamos a aprender a amar a Dios no solo con el corazón, sino también con la mente.

CUARTO PASO: ALENTAR LA PRAXIS

- Definición: participación en nuestra formación
- Papel de los padres: alentar
- Pregunta clave: ¿Cómo puedo capturar lo aprendido en una acción práctica o un paso de acción?

La Praxis es lo que hace que un momento de conexión con Dios pase de ser una experiencia poderosa que ocurre una única vez a ser algo que sigue afectándonos de forma continua. Puede ser tan simple como preguntarse: «¿Qué deberíamos hacer con respecto a lo que Dios está diciendo?» o «¿Cuál es el siguiente paso que podríamos dar?». A veces la Praxis se parece a un paso de acción de una sola vez, y otras veces se parece a una nueva práctica que se abre camino en tu vida de una manera continua.

En el caso de Silas, después de su experiencia en la que Jesús le dio un corazón nuevo, decidimos entretejer esta idea en la «liturgia» de los momentos cuando lo enviamos a reflexionar si tiene un mal comportamiento. Después de enviar a nuestros hijos a reflexionar y conversar sobre la infracción, siempre terminamos con un «lo siento» por parte del niño y un «te quiero y te perdono» por parte del padre o hermano. (Por cierto, utilizamos la misma liturgia cuando los padres también necesitan pedir perdón). Por esa razón, durante una temporada, después de extender el perdón, invitábamos a Silas a entregar su corazón sucio a Jesús y pedirle uno nuevo. Esto le ayudó a pasar de la mera reconciliación con nosotros a aprender a confesar su pecado directamente delante de Dios y a recibir también su gracia y su perdón.

Para resumir, así es como guiamos a Silas a través de esta conexión con Dios:

1. Identificar la conexión con Dios: Cuando Silas dijo que tenía un «corazón sucio», reconocimos que Dios estaba tomando la iniciativa con él y nos detuvimos a explorar el momento.
2. Facilitar el Encuentro: No nos limitamos a orar por Silas o a hablarle de su «corazón sucio», sino que también creamos un espacio para que Silas y Dios interactuaran directamente a través de la oración imaginativa.
3. Esclarecer la Creencia: Pusimos a prueba la experiencia de la presencia de Dios de Silas frente a la verdad de las Escrituras y confirmamos que coincidían. Reforzamos su experiencia subjetiva con la verdad objetiva.

4. Alentar la Praxis: Incorporamos esta práctica a nuestra «liturgia» de perdón y reconciliación para alentar la confesión a Dios.

En el caso de Noah, después de nuestra conversación a la hora del desayuno, cuando se fue a la escuela me despedí de él con buen ánimo con la promesa de darle una sorpresa cuando volviera a casa. Mientras estaba fuera, fui a la tienda. Le compré una vela especial, un diario, una Biblia nueva y el libro *Jesús te llama: 365 devocionales para niños* de Sarah Young (que recomiendo mucho). Desempolvé una vieja mesita del sótano y la coloqué en nuestra oficina cerca de una ventana. Colgué algunas obras de arte en la ventana y puse algunos ejemplos de la creación de Dios sobre la mesa (una planta, algunos caracoles marinos de la playa de Rhode Island), junto con la vela, el diario, la Biblia, el devocional y una cruz de mano (una pequeña cruz de madera tallada de tal manera que cabe perfectamente en la palma de la mano). También extendí algunos materiales de arte.

Cuando llegó a casa, le presenté su nueva mesa de «tiempo especial con Dios». (No me gusta llamar «tiempo devocional» o «tiempo de silencio» [*quiet time*] a los tiempos personales de devoción porque creo que transmite un mensaje equivocado a los niños que aún no han adquirido el gusto por el silencio y la soledad). Le expliqué a Noah que esas eran formas de conectar con Dios propias de «niños mayores». Le dije que confiaría en él para encender la vela (y no quemar la casa) para que se sintiera especial. Le enseñé las obras de arte que le ayudarían a reflexionar, las plantas y los caracoles para que los tocara y le recordaran la gran creatividad de Dios, y los materiales de arte para que él mismo reflejara la creatividad de Dios. Le enseñé a utilizar la cruz como un recordatorio físico de lo que significa aferrarse a Jesús, y lo animé a utilizar el diario para mantener un registro continuo de su conversación con Dios.

Le dije que me comprometía a pasar veinte minutos con él después de la escuela para tener un tiempo especial con Dios. Podríamos poner algo de «música de Jesús» y pasar tiempo con Dios juntos. Le encantó la idea y ese mismo día comenzamos con la práctica. Hizo un dibujo de Jesús calmando la tormenta, escribió algunas oraciones en el diario y escuchó a Dios responderle. Continuamos con esta práctica todos los días.

Un par de semanas después, sentí mucha curiosidad por saber si había novedades sobre las preguntas más amplias de Noah sobre la existencia de Dios. Temía ser demasiado insistente, así que no me había animado a sacar el tema, pero ya no podía contener mi curiosidad. Así que un día, con toda la templanza y despreocupación que una madre ansiosa puede aparentar, le pregunté: «Oye, cariño, ¿cómo vas con tus preguntas más importantes sobre Dios?».

Me contestó con la misma tranquilidad: «¿Te refieres a si Dios es real o no? Sé que es real. Me habla todos los días».

Nuestra práctica del «tiempo especial con Dios» no duró para siempre, pero era justo lo que Noah necesitaba para aprender a permanecer con Jesús. De nuevo, para resumir, así es como guiamos a Noah a través de su momento de conexión con Dios:

1. Identificar la conexión con Dios: Reconocimos la iniciativa por parte de Dios en la aterradora afirmación «Ya no sé si creo en Dios».

2. Facilitar el Encuentro: Confiamos en que Dios le hablaría a Noah por sí mismo, en lugar de tratar simplemente de convencer a Noah de la existencia de Dios.

3. Esclarecer la Creencia: Interpretamos la palabra que Noah escuchó y le ayudamos a comprender lo que Dios le pedía.

4. Alentar la Praxis: Establecimos un espacio para que Noah permaneciera con Jesús, en respuesta a la invitación que escuchó de parte de Dios.

LLÉVATE ESTA IDEA: ESPACIO PARA TENER UN TIEMPO ESPECIAL CON DIOS

Edades: Primaria o mayores (niños que pueden leer y escribir)

Necesitarás:
- Rincón cómodo en algún lugar privado
- Formas de involucrar la mente: diario, devocional, Biblia
- Formas de involucrar los sentidos: obras de arte, materiales artísticos, velas o luces del árbol de Navidad, música de adoración, cruz de mano, elementos de la naturaleza (plantas, caracoles, etc.).

Instrucciones:
- Prepara un lugar especial en algún rincón de la casa que pueda permanecer armado: una mesita en su habitación, una «tienda de campaña» u otro rincón acogedor, etc. Puedes armarlo tú mismo y darle una sorpresa, o involucrar al niño en el diseño del espacio.
- Explica la idea del «tiempo especial con Dios»: tiempo dedicado a conectar con Jesús, a compartir nuestros pensamientos con Él, a conocerle mejor, a recibir su amor.
- Explica los distintos objetos y cómo utilizarlos para conectar con Dios:
  - Una Biblia para leer sobre Dios.
  - Un diario para compartirle tus pensamientos y sentimientos a Dios, y también para anotar cualquier cosa que Él te responda.
  - Arte y objetos de la naturaleza para mirar y pensar en Dios.
  - Una cruz de sujeción para tocar y recordarte a ti mismo que debes seguir aferrándote a Dios.
  - Materiales de arte para expresar tus sentimientos sobre Dios de forma creativa.
  - Música para ayudarte a conectar con Dios en la adoración.
- Invita (o desafía) a tu hijo a dedicar de diez a veinte minutos al día a conectar con Jesús. Ofrécele tener tu propio tiempo con Dios a su lado o ayúdale a empezar.

LLÉVATE ESTA IDEA: DIARIO DE ORACIÓN

Considera la posibilidad de realizar esta práctica junto a tu hijo. Puede ser algo que hagan juntos durante un tiempo hasta que sea capaz de hacerlo solo. O puede convertirse en una práctica familiar en la que todos los miembros de la familia se reúnan (ver el capítulo once).

Edades: Primaria y mayores (niños que pueden leer y escribir)

Necesitarás:
- Diario y bolígrafo
- Materiales de arte (opcional)
- Música (opcional)

Instrucciones:
- Pon música de alabanza (opcional).
- Busca un lugar tranquilo y limita las distracciones.
- Usa un cronómetro. Empieza poco a poco (de cinco a diez minutos), con metas que puedas cumplir.
- Explícale la práctica a tu hijo. Puedes decir algo así:

Este diario o libreta es solo para ti y para Dios. Nadie más lo leerá a menos que tú lo quieras compartir. Piensa que será una herramienta para decirle a Dios lo que quieras. Dile lo que piensas. Hazle preguntas. Háblale como hablarías con un amigo.

Luego, escucha. Creo que Dios nos habla, normalmente no con una voz audible, pero sí a menudo en nuestras mentes y pensamientos. Si crees que Dios te está diciendo algo mientras escribes, anota lo que oyes. Si no estás seguro de que sea Dios quien te habla, no dudes en compartirlo conmigo y hablaremos de ello.

- Comienza y finaliza el tiempo con una oración.
- Cuando hayan terminado, comparte tu experiencia y pregúntale por la suya (pero no exijas que te la cuenten).

Mis hijos no son los únicos a quienes este proceso de cuatro pasos ha ayudado. Permítanme volver a Corrie y Harper, la historia que comencé en el capítulo cuatro, para mostrar cómo Corrie utilizó este modelo para guiar a Harper a través de un momento de conexión con Dios.

- Identificar la conexión con Dios: Corrie reconoció inmediatamente la tierna iniciativa de Dios para con Harper. Dada la delicadeza emocional de ese momento, rápidamente reunió apoyo en oración enviando mensajes de texto a dos de las «madres espirituales» de Harper para pedirles que oraran. En sus propias palabras: «Enviarles un mensaje me ayudó a sentir que no estaba navegando sola por este precario estado emocional. Me fortaleció la idea de que, aunque no lo comprendía perfectamente en ese momento, otras personas estaban involucradas y podrían ser de apoyo para Harper en algún momento y podrían ayudarla a interpretar el mensaje de Dios. Me hizo sentir cubierta, como si la presión no recayera toda sobre mí y sobre este momento concreto».[5]

- Facilitar el Encuentro: Cuando Corrie fue a ver a Harper unos minutos más tarde, le indicó que leyera algunos pasajes útiles de las Escrituras y oró por ella, pero al final le dio espacio para que pasara tiempo con Jesús a solas. «El cambio que fue importante para mí en ese momento fue reconocer su poder de decisión. Me di cuenta de que tal vez no estaba preparada para hablar conmigo sobre el incidente, pero que sin duda podía hablar con Dios sobre ello».[6]

- Esclarecer la Creencia: Más tarde, Harper salió de su habitación, relajada y dispuesta a hablar. Pudo expresarle a Corrie los temores específicos que le quedaban del incidente. Corrie la ayudó a identificar dónde estaba Jesús cuando ocurrió y le recordó la presencia y protección constantes de Dios.

También hablaron de lo útil que era para Harper acudir directamente a Dios cuando no sabía qué hacer o decir.

- Alentar la Praxis: A través de esta experiencia, Corrie le ha dado a Harper una forma útil y espiritualmente rica de enfrentar sentimientos abrumadores. La próxima vez que Harper se sienta demasiado abrumada para procesar algo, sabrá que puede tomar su Biblia, encontrar un lugar tranquilo y correr directamente hacia Jesús.

SI LO USAS, FUNCIONA

Tomando prestada una frase de la comunidad de recuperación de adicciones, «Si lo usas, funciona». Me encanta este método de cuatro pasos para responder a los momentos de conexión con Dios y lo utilizo con mis hijos regularmente. Pero aunque los he guiado a través del proceso innumerables veces, todavía necesito ser intencional en cada paso. Necesito tomar la decisión consciente de dejar lo que estoy haciendo y «acercarme». Necesito esforzarme para no interponerme en sus conversaciones con Dios. Tengo que pensar qué verdad debo reforzar, qué historia bíblica contar, qué decir en ese momento. Y, sobre todo, tengo que esforzarme por dar seguimiento con una práctica concreta. Requiere esfuerzo. Pero, de verdad, si lo usas, funciona. Así como los bailarines que utilizan diagramas de pasos visibles en el suelo no necesitan mirar hacia abajo para bailar, te prometo que no necesitarás seguir sacando el diagrama una vez que hayas realizado el proceso unas cuantas veces. Aprenderás el ritmo e interiorizarás los pasos. Y, con el tiempo, empezarás a verte a ti mismo y a tus hijos emergiendo al otro lado de estas conexiones con Dios siendo más semejantes a Jesús, conociéndolo y amándolo un poco más, y comprendiendo mejor su reino y sus propósitos en el mundo.

Esta semana, trata de identificar un momento de conexión con Dios y seguir todos los pasos del círculo. Puedes hacerlo con un niño o incluso de forma individual. Estoy segura de que hay zarzas ardientes escondidas a plena vista por todo tu mundo: en tu cocina, en el patio de recreo, en tu coche, debajo de la cama de tu hijo o en un mensaje de texto. Debido a que Moisés el pastor eligió acercarse y explorar un momento concreto con Dios, Moisés el libertador liberó a toda una nación de la esclavitud y cambió el curso de la historia de la humanidad. ¿Quiénes podrían ser tú y tus hijos el día de mañana, y qué podría hacer Dios en el mundo a través de ustedes a partir de un momento de conexión con Dios que identifiquen hoy?

PREGUNTAS PARA REFLEXIONAR

1. ¿Qué paso te resulta más natural? ¿Cuál es el más difícil?

2. Facilitar el Encuentro: ¿De qué manera o en qué situaciones te sientes tentado a mediar en el Encuentro con tus hijos? ¿Te sientes identificado con alguna de las razones comunes por las que hacemos esto: miedo, control o incredulidad? ¿Qué te está diciendo Dios al respecto?

3. Esclarecer la Creencia: ¿Te sientes cómodo haciendo esto con y por tus hijos? ¿Cómo podrías mejorar en este aspecto?

4. Alentar la Praxis: En tu propia vida, ¿hay algo que te ayude a tomar lo que experimentas con Dios en tu corazón y en tu mente y ponerlo en práctica en tu caminar? ¿Qué necesitas para ayudar a tus hijos a hacer lo mismo?

5. Si esta semana guías a tus hijos a través de un momento de conexión con Dios, reflexiona sobre ello. ¿Qué sucedió? ¿Qué cosas aprendiste? ¿Cuál fue el fruto? ¿Hubo algún momento en el que te sentiste estancado? ¿Qué harías diferente la próxima vez? Dale gracias a Dios por lo que tú y tus hijos están aprendiendo.

Para líderes y pastores

1. En tu contexto particular, ¿ves alguna aplicación potencial para este proceso de cuatro pasos más allá del discipulado de niños?
2. En tu papel de liderazgo, ¿cuál de los cuatro pasos te resulta más natural? ¿Qué pasos te resultan más incómodos o débiles a la hora de liderar?

6

DISCIPULADO PROACTIVO
(O el sándwich de queso a la plancha y la importancia de vivir a la manera de Jesús)

> *Recuerda que no has sido llamado a producir máquinas exitosas, con movilidad ascendente, altamente educadas y con talento atlético... Darle a tus hijos grandes oportunidades es bueno; sin embargo, no es el objetivo de la crianza. La semejanza a Cristo lo es. Por encima de todo, procura criar hijos que se parezcan a Jesús y actúen como Él.*
>
> **CHIP INGRAM,** *EFFECTIVE PARENTING IN A DEFECTIVE WORLD*

> *Nada me produce más alegría que oír que mis hijos viven en la verdad.*
>
> **3 JUAN 1:4**

DESPUÉS DE QUE A MI MADRE LE DIAGNOSTICARAN AMS, pero antes de que perdiera la capacidad de comunicarse, se sentó y nos escribió una carta a mi hermana Betsy y a mí. En lugar de dárnosla, la guardó en una carpeta blanca con la etiqueta «Legado espiritual». En su interior había instrucciones para su funeral, algunas reflexiones personales sobre el final de la vida y esta carta. Una noche que estaba de visita, me enseñó la carpeta y me pidió que la sacara cuando ella muriera. No volví a pensar en eso sino hasta el día en que regresamos del hospital sin ella. Cuando empezamos a hablar de los planes para el funeral, me acordé de aquella carpeta blanca. Pero cuando se la mencioné a mi padre, él no tenía ni idea de lo que era ni de dónde podía estar. Sintiendo un poco de pánico, fui al lugar del comedor donde ella la había colocado tres años antes e, increíblemente, seguía donde la había dejado.

Era una carta hermosa y elegante, llena de amor y esperanza, humor y valentía. Estoy convencida de que todo padre enfermo o anciano debería planear darle a sus hijos el regalo de su propia voz para guiarlo a través de esa onda expansiva inicial de dolor.

Me gustaría compartir contigo un párrafo de la carta de mamá:

> Espero que sepan que, por muy orgullosa que esté de sus logros académicos, sus carreras, sus relaciones, sus hijos y sus buenas obras, lo que más me asombra y me deleita es su amor y obediencia a nuestro Señor y Salvador Jesucristo. Siempre será difícil mantener la fe: a veces, más que nunca, la vida se interpone en el camino. Pero el Señor que murió por ustedes, y a quien Dios resucitó de entre los muertos, tiene poder para mantenerlas a su lado.
>
> Supongo que mi único consejo es este: permanezcan en Él. Saben que el «versículo de mi vida» es este: «Nada me produce más alegría que oír que mis hijos viven en la verdad» (3 Juan 1:4). Como con Juan, el autor, esto aplica a mis «hijos» no biológicos, sino espirituales, por supuesto, ¡pero la fe de ustedes es de particular gozo para mí! Si esto les supone alguna presión, les pido disculpas. No pretendo obligarlas, sino darles libertad para que disfruten de la mejor relación de mi vida.[1]

Lo que veo claramente en este párrafo son las prioridades de mi mamá como madre. De todas las cosas que nos enseñó a Betsy y a mí, y de todas las cosas que hemos «logrado» en la vida, ella sentía el mayor orgullo por nuestra fe en Jesús. Y esto era cierto no solo cuando se sentaba a reflexionar sobre «cómo habíamos salido». Esto fue cierto cada día de su aventura como madre. Sus palabras aquí tienen tanta integridad porque reflejan perfectamente la intencionalidad de su liderazgo espiritual en nuestras vidas, tanto a lo largo de nuestra infancia como en nuestra edad adulta. Mi amigo Jason Gaboury, que también ha sido un padre con este tipo de intencionalidad, dice: «A veces bromeo diciendo que algunas familias se dedican al fútbol, otras a la música, y nosotros a la vida con Dios. Eso es lo que hacemos».[2]

Según un reciente estudio de Pew Research, el 89 % de los padres cristianos de adolescentes en Estados Unidos[3] consideran muy importante que sus hijos trabajen duro, y el 72 % creen que es muy importante que sus hijos vayan a la universidad. Pero solo el 56 % de estos mismos padres sienten que es muy importante que sus hijos sean educados para seguir a Jesús.[4] No puedo evitar pensar en la estadística del 50 % del capítulo de la «mala noticia» cuando leo estas cifras. Si todos los padres cristianos tuvieran la claridad que tenía mi madre sobre lo que realmente importa en la vida, ¿nos encontraríamos todavía en esta situación?

Aquí es donde entra en juego el discipulado proactivo. Si el discipulado receptivo es responder a la iniciativa de Dios con nuestros hijos, el discipulado proactivo es una invitación de Dios a participar en el proceso de discipulado a través de nuestra propia iniciativa reflexiva y creativa.

SENDEROS DE GRACIA A TRAVÉS DE LAS DISCIPLINAS

El sello distintivo del discipulado proactivo es cultivar un estilo de vida intencional que gira en torno a prácticas espirituales consistentes y deliberadas. Permítanme primero abordar algunos conceptos erróneos comunes sobre las prácticas espirituales.

En el capítulo cuatro, describí cómo cada corriente principal de la iglesia —carismática, evangélica y sacramental— tiende a gravitar hacia un elemento formativo diferente. Las iglesias carismáticas son las que más tienen que enseñarnos sobre el Encuentro, las evangélicas suelen gravitar hacia una expresión más intelectual de la Creencia bíblica, y las iglesias sacramentales suelen tener la Praxis más concreta. A veces, en función de lo que nuestra tradición eclesiástica particular tiende a enfatizar, podemos terminar con una experiencia subdesarrollada de uno o más de estos ingredientes. Esto puede llevar a formas muy diferentes de entrar en la conversación sobre las prácticas espirituales.

Por ejemplo, algunos amigos míos criados en la corriente sacramental de la iglesia con una experiencia poco desarrollada del Encuentro sienten inmediatamente un poco de alergia al concepto de las prácticas espirituales porque su experiencia con ellas carecía de la calidez de la verdadera intimidad con Jesús. Tal vez recuerdes haber recitado mecánicamente un cierto número de padrenuestros y avemarías después de la confesión o haber realizado la calistenia católica de la misa dominical (arrodillarse, sentarse, levantarse, hacer genuflexión, arrodillarse de nuevo, etc.). Yo fui criada en la iglesia anglicana y he pasado por eso: llevar a los amigos a la iglesia siempre implicaba muchos susurros con indicaciones y explicaciones sobre cómo maniobrar los reclinatorios. Así que tal vez en algún momento del camino de la apropiación de tu fe como adulto hayas sentido cierta liberación al desprenderte de algunas de estas prácticas.

Otros amigos míos criados en las corrientes evangélicas o carismáticas de la iglesia con una experiencia subdesarrollada de la Praxis desconfían de las prácticas espirituales porque, para ellos, apestan a «justicia basada en las obras». La idea de las prácticas espirituales puede desencadenar una respuesta automática de vergüenza debido a las dificultades para distinguir entre Praxis como *respuesta* a la gracia y Praxis como *medio* para la gracia. Lo que buscamos aquí es lo primero, pero entiendo que puede ser complejo.

Richard Foster tiene una analogía que puede ayudarnos a todos a crecer en nuestro aprecio por las prácticas espirituales y, al mismo tiempo, a localizar su lugar apropiado en este viaje de gracia. Él describe las prácticas espirituales como un camino entre dos abismos:

> Imagina una cadena montañosa larga y estrecha con una caída abrupta a cada lado. El abismo de la derecha es el camino de la bancarrota moral que viene por los esfuerzos humanos por conseguir la rectitud y la justicia. Históricamente, esto se ha llamado «la herejía del moralismo». El abismo a la izquierda es la bancarrota moral por la ausencia de esfuerzos humanos. Esto se ha llamado «la herejía del antinomianismo». En la cresta de las montañas hay un camino: las Disciplinas de la vida espiritual. Este camino conduce a la transformación interior y a la sanación que buscamos. Nunca debemos desviarnos ni a la derecha ni a la izquierda, sino permanecer en el camino. El camino está plagado de graves dificultades, pero también de increíbles alegrías. Al recorrerlo, la bendición de Dios vendrá sobre nosotros y nos reconstruirá a imagen de Jesucristo. Debemos recordar siempre que el camino no produce el cambio; solo nos coloca en el lugar donde el cambio puede ocurrir.[5]

El poder transformador y sanador de las prácticas espirituales no reside en su ejecución rutinaria. Por sí solas, las prácticas espirituales no pueden hacer nada por nosotros. Su poder reside únicamente en el lugar al que nos conducen: a la presencia del Espíritu Santo. Las prácticas espirituales no nos transforman, pero nos conducen a Aquel que puede hacerlo. Por lo tanto, no deben ser ejercicios de desempeño sin sentido que no signifiquen nada para nosotros, ni deben ser un medio para tratar de ganar el amor y el favor de Dios. Entendidas y practicadas con intencionalidad, las prácticas espirituales se convierten en un conducto para la intimidad y la gracia. Hablando de esta tensión, Aaron Niequist lo expresa de la siguiente manera: «Solo la gracia hace fluir el río, pero tenemos que meternos al agua. Solo la gracia hace crecer la vid, pero tenemos que construir el enrejado. Solo la gracia hace soplar el viento, pero las prácticas espirituales nos ayudan a abrir humildemente la ventana, día a día, momento a momento. La invitación es a la participación».[6]

La imagen del enrejado es una metáfora milenaria del uso de prácticas espirituales para crear un estilo de vida intencional. Imagina un hermoso arco repleto de rosas a la entrada de un jardín, o un impresionante despliegue de rosas trepando por la pared de una casa. No crecieron así por sí solas; el jardinero probablemente utilizó algún tipo de enrejado. Un enrejado no hace crecer las rosas. No produce la gloria visual y olfativa de un rosal maduro. Pero sí proporciona la estructura y el soporte necesarios para que crezcan esas rosas. Sin algún tipo de enrejado —una valla, una estaca, un árbol o alguna estructura elaborada de jardín—, los rosales tienden a caerse por el peso de sus enredaderas. Del mismo modo, un estilo de vida basado en prácticas espirituales intencionadas no producirá frutos espirituales en nuestras vidas ni en las de nuestros hijos, pero proporcionará el apoyo y la estructura necesarios para que se produzca ese crecimiento.

LA IMPORTANCIA DE VIVIR A LA MANERA DE JESÚS

Imagínate la escena: mis hijos están preparando el almuerzo un sábado. Han untado con mantequilla unas rebanadas de pan fresco hecho con masa fermentada y las han rellenado con generosas rebanadas de queso chédar. Noah maneja con confianza la sartén y la espátula mientras Silas cocina un poco a sus espaldas: «El queso se está derritiendo. ¡Dale la vuelta! No lo quemes». Al cabo de unos minutos, cada uno tiene un delicioso sándwich de queso a la plancha perfectamente dorado y fundido. Llevan sus obras maestras culinarias a la mesa. Pero antes de empezar, Silas se dirige a la nevera, encuentra la mostaza picante, y cada uno extiende cuidadosamente una fina capa de sabor picante sobre el sándwich de queso a la plancha antes de rendirse ante toda su gloria quesuna.

Esto puede desconcertarte, divertirte o molestarte, a menos, claro está, que conozcas a mi familia, en cuyo caso inmediatamente pensarás: «Por supuesto. Se trata de la familia Cowan». Así es precisamente como yo como mi sándwich de queso a la plancha, y así es como mi padre y mi abuelo solían comerlo. Ya son cuatro generaciones que siguen esta práctica a la hora del almuerzo. Somos la familia Cowan. Es la única manera de comer sándwich de queso a la plancha que conocemos. Si no recuerdas nada más de este libro, espero que recuerdes esto: sándwich de queso chédar a la plancha y mostaza picante por encima. Te cambiará la vida.

Este sándwich de queso a la plancha al estilo de los Cowan es dos cosas: distinto y convincente.

En primer lugar, comer un sándwich de queso a la plancha con mostaza por encima es tan distinto, tan peculiar, que nos identifica inmediatamente como los Cowan. Nadie más que nosotros lo hace. De forma similar, hacer las cosas a la manera de Jesús en nuestro momento actual es increíblemente distinto. Y cuando digo esto, quiero que sepas que no me refiero a las ideologías políticas que últimamente se asocian con Jesús en Estados Unidos. Me refiero a hacer las cosas a la manera de Jesús, a andar por el camino en que Jesús anduvo. Me refiero al camino antiguo y universal que los cristianos han estado siguiendo durante dos milenios: el camino del amor al enemigo, la humildad y la gracia; el camino de la generosidad, el autocontrol y la entrega; el camino de la justicia y la paz; el camino del amor.

Comer un sándwich de queso a la plancha a la manera de los Cowan es tan distinta que, sin el modelo y la instrucción adecuados en el hogar, mis hijos nunca habrían aprendido a comerlo de esta manera en un mundo en el que la gente come solo sándwiches de queso a la plancha sin mostaza. Del mismo modo, en un mundo que está discipulando a nuestros hijos para que vivan según los valores de la codicia, el poder, la imagen, el hiperindividualismo, la libertad sexual, la cultura de la cancelación y la holgazanería disfrazada de activismo que solo finge poseer grandes virtudes (podría seguir), es poco probable que nuestros hijos aprendan, sin nuestra ayuda, a recorrer el hermoso pero peculiar camino de Jesús.

Pero hay algo más: comer un sándwich de queso a la plancha con mostaza por encima no solo es distinto y un poco extraño, sino que también es extremadamente irresistible. Es *la mejor forma* de comer un sándwich de queso a la plancha. (En serio, hazme un favor. Pruébalo y dime si me equivoco). Un sándwich de queso a la plancha perfectamente cocinado con una magnífica capa de mostaza picante untada por encima es tan irresistible, delicioso y satisfactorio que mis hijos, estén donde estén, ya sea en un restaurante, en casa de un amigo o en el colegio, piden con confianza mostaza picante para untarle encima, aunque nadie más lo haga. Saben que es delicioso.

Y así es como quiero que se sientan mis hijos al seguir a Jesús. Quiero que sepan, más allá de toda duda, que hacer las cosas a la manera de Jesús es así de bueno. Quiero que lo sepan no porque se lo hayamos dicho nosotros, o porque una vez rellenaron una hoja de la escuela dominical sobre el tema. Ni siquiera porque «la Biblia lo dice». Quiero que lo sepan porque lo han probado, porque sus corazones se han inflamado de amor por Jesús a través del Encuentro directo con su Espíritu. Quiero que lo sepan porque sus creencias sobre Dios, sobre sí mismos y sobre el mundo han sido cuidadosamente moldeadas por la verdad de Dios; y porque su experiencia de vivir su fe a través de prácticas concretas ha sido tan vivificante que lo harían en cualquier parte, aunque fueran los únicos.

LLÉVATE ESTA IDEA: SÁNDWICH DE QUESO A LA PLANCHA CON MOSTAZA PICANTE

Edades: Todas

Necesitarás:

- Dos rebanadas de pan fresco elaborado con masa fermentada o masa madre
- Mantequilla suavizada
- Queso chédar en rebanadas
- Mostaza picante (yo uso marca Gulden)
- Sartén y espátula

Instrucciones:

- Unta con mantequilla un lado de cada rebanada de pan y, con los lados untados con mantequilla hacia fuera, rellena el interior del sándwich con queso.
- Calienta la sartén a fuego medio y coloca el sándwich en la sartén.
- Cuando el primer lado del sándwich esté dorado a tu gusto, dale la vuelta.
- Si la segunda cara se dora antes de que el queso se haya derretido por completo, baja el fuego y tapa la sartén.

- Coloca tu sándwich perfectamente cocinado sobre un plato. Añade una fina capa de mostaza picante sobre el sándwich.
- Córtalo por la mitad o en cuartos según tu gusto y prepárate para que tu vida cambie para siempre.

En los tiempos que se aproximan, la iglesia —especialmente la iglesia evangélica— necesitará confiar en el Encuentro y en la Praxis más que nunca. El pensamiento correcto sobre Dios y el mundo, tan crítico como lo es en este momento, no será suficiente por sí solo para brindarle a nuestros hijos el cautivador sabor del reino de Dios que necesitan en este momento. Más que involucrar sus mentes a través de historias bíblicas (nuestro típico esquema de discipulado para niños), tenemos que centrarnos en involucrar sus corazones a través del Encuentro y sus pies a través de la Praxis. Así que vamos a ver cómo hacer que nuestro discipulado proactivo sea sólido y multidimensional, y constituya la base de una forma de vida distinta y convincente.

ARRIBA, ADENTRO, AFUERA Y CON

Aprendí a nadar en un campamento de verano cuando tenía siete años, y aún recuerdo el pequeño cántico que acompañaba la brazada básica de espalda: «¡Arriba, afuera, juntos, deslízate!». Las manos y los pies siguen un patrón similar —arriba como un pollo, afuera como una X, juntos como un lápiz— que resulta en un bonito y ergonómico deslizamiento por el agua. Si tuviera que hacer un cántico para guiarnos a través del camino del discipulado, sería algo similar: «¡Arriba, Adentro, Afuera y Con!». Ahora me explico.

En la iglesia Sanctuary Church hablamos de que el discipulado es un viaje que se recorre en cuatro direcciones distintas.

Arriba: Estar con Jesús. Esta dirección nos lleva a una intimidad más profunda con Dios y a una mayor comprensión de sus propósitos. Algunas prácticas clásicas que buscan ir hacia Arriba incluyen la adoración, el estudio de las Escrituras y la oración.

Adentro: Llegar a ser como Jesús. Esta dirección nos lleva por el camino interior de convertirnos en personas sanas e íntegras a medida que nos «transformados a su semejanza con más y más gloria» (2 Corintios 3:18). Las prácticas clásicas hacia Adentro incluyen cosas como la confesión, el silencio y llevar un diario.

Afuera: Hacer lo que Jesús hizo. La dirección hacia el exterior nos lleva al mundo para demostrar, de palabra y de obra, que Jesús es el Señor. El testimonio, la hospitalidad y la compasión son algunos ejemplos de prácticas exteriores.

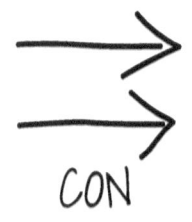

Con: Seguir juntos a Jesús. Por último, esta dirección nos lleva a la comunidad. Vivir a la manera de Jesús, o andar como Él lo hizo, no es algo que pueda hacerse en soledad. Las prácticas «Con» se refieren a las prácticas que hacemos «Con otros» e incluyen reunirse para el culto, comer juntos y celebrar.

Pensar en el discipulado de esta forma evita que se vuelva demasiado estrecho. El discipulado proactivo implica crear un estilo de vida en torno a prácticas espirituales intencionales. La elección de prácticas que nos ayuden a caminar en cada una de estas cuatro direcciones hará que nuestro camino sea robusto y completo, llenando ese enrejado con un rosal rebosante y saludable en lugar de un pequeño tallo enjuto.

Imagina una generación de jóvenes —entre ellos, tus hijos— que saben lo que significa estar con Jesús, que a medida que

Discipulado proactivo 111

crecían comenzaron a parecerse cada vez más a Él, que intentan hacer lo que Él hizo mientras andan por el mundo y que están comprometidos a seguir esta aventura unos con otros. Sin duda, este grupo de seguidores de Jesús parecerá un poco extraño, ya que buscarán llevar esta forma de vida en un mundo poscristiano. (Cuando la madre de Harper, Corrie, y yo nos sentimos así, nos enviamos mensajes de texto con la nota: *#weirdosforever* [#raritosporsiempre]). Pero creo que es posible —incluso muy probable— que también resulten innegable, magnética y atractivamente bellos para quienes nunca han visto ni experimentado nada parecido a vivir a la manera de Jesús.

En los capítulos siguientes hablaremos de cómo adaptar las prácticas espirituales a la edad y la etapa de fe de tu hijo, y de cómo crear un plan fácil de usar para cada niño y para tu familia en su conjunto. Pero el patrón que utilizaremos para ayudarnos a crear este estilo de vida intencional seguirá siendo el mismo: «¡Arriba, Adentro, Afuera y Con!».

PREGUNTAS PARA REFLEXIONAR

1. ¿Cómo esperas que sean tus hijos cuando sean adultos? ¿Qué lugar ocupa en tu lista de prioridades para ellos el hecho de que sigan a Jesús? Tómate un momento para evaluar si tus acciones de hoy coinciden con tus prioridades.
2. ¿Con qué corriente de la iglesia (sacramental, evangélica o carismática) te identificas más? ¿Cómo ves el impacto de esta corriente en tu propio caminar con Jesús y en la manera en que discipulas a tus hijos?
3. ¿Qué tan saludable es tu relación con las prácticas espirituales? ¿Necesitas mejorar tu postura ante las prácticas espirituales antes de presentárselas a tus hijos?
4. ¿Qué dirección (Arriba, Adentro, Afuera o Con) te resulta más natural en tu caminar con Jesús? ¿Cuál es la más fácil

de seguir cuando discipulas a tus hijos? ¿Qué dirección te resulta más desafiante o crees que es la menos representada en tu vida?

Para líderes y pastores

1. ¿Qué dirías si tuvieras que describir tu iglesia en términos de la corriente o corrientes a la que pertenece?
2. ¿Hasta qué punto está familiarizada o se siente cómoda tu iglesia con el concepto de las prácticas espirituales? ¿Cuál es tu experiencia personal con las prácticas espirituales?
3. ¿Tu iglesia cuenta con un marco para el discipulado? ¿Has aplicado o podrías aplicar ese marco al discipulado de niños?

6¾

UNA INTRODUCCIÓN A JOHN WESTERHOFF

> *Sugiero que la fe crece como un árbol, añadiendo anillos. Comparar el desarrollo de la fe con el de un árbol parece adecuado, porque un árbol de un año es verdadera y completamente un árbol. A medida que se desarrolla, no se convierte más verdaderamente en un árbol; solo se hace más complejo. Del mismo modo, una etapa de la fe no es mejor ni más verdadera que otra.*
>
> **JOHN WESTERHOFF, *BRINGING UP CHILDREN IN THE CHRISTIAN FAITH***

MUCHAS VECES A LO LARGO DE MI VIAJE EN LA CRIANZA he deseado que los niños vinieran con un manual de instrucciones. Tal vez hayas deseado lo mismo. Por ejemplo, cuando Noah dormía profundamente en el hospital la primera semana de su vida, pero comenzó a gritar cada noche durante tres horas tan pronto como llegamos a casa, o durante los estresantes meses en los que estábamos aprendiendo a manejar el asma de Silas, o nuestras luchas presentes para mantener a cierto niño en su habitación por la noche (si quieres reírte, ve mi *reel* destacado en Instagram titulado «¿Por qué está despierto Si?»).[1]

Aunque no puedo darte un manual para el desarrollo espiritual de tus hijos, lo que sí puedo darte es una hoja de ruta.

El teólogo y profesor de seminario estadounidense John Westerhoff desarrolló un modelo para describir el desarrollo espiritual de los niños. Su modelo identifica cuatro etapas distintas de la fe y utiliza la imagen de los anillos de los árboles para describir cómo cada etapa se relaciona con la siguiente. La metáfora de los anillos de los árboles nos ayuda a comprender que las etapas de la fe son acumulativas; la nueva etapa no supera a la anterior, dejándola atrás, sino que la trasciende y la incluye. La fe por experiencias está presente en la etapa de la fe por vínculos. Tanto la fe por experiencias como la fe por vínculos están presentes en la etapa inquisitiva. Y las tres están presentes en la fe propia del adulto.

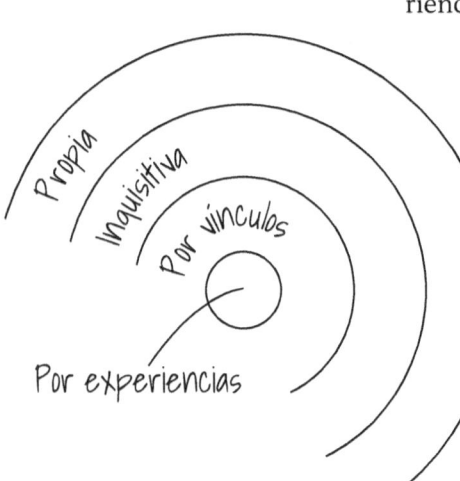

En los próximos tres capítulos exploraremos estas etapas en profundidad, junto con prácticas espirituales específicas que podrás probar con tus hijos en cada etapa.

7

EDADES DE 0 A 6 AÑOS
La etapa de la fe por experiencias
(o los años borrosos)

> *Los niños tienen una espiritualidad innata. Como cristiano, creo que esto forma parte de lo que significa estar hecho a imagen de Dios. Estamos diseñados para tener un vínculo con Dios, y por mucho que la rebelión de la humanidad contra Dios haya torcido ese diseño, perdura en nosotros. En los niños pequeños, perdura con fuerza.*
>
> **RON BUCKLAND,**
> ***CHILDREN AND THE GOSPEL***

UNA MAÑANA TÍPICA en la vida de mi amiga Jenna transcurre más o menos así: el día empieza a las 6 de la mañana cuando la bebé se despierta veinte minutos antes de lo previsto. A punto de salir para el gimnasio, su marido Michael deja al hambriento querubín junto a Jenna en la cama con una sonrisa de disculpa. Veinte minutos más tarde, su primera interacción con su hijo de dos años consiste en una queja angustiosa y de gran volumen sobre una lata de agua mineral semivacía que no encuentra y que tenía el día anterior. Mientras prepara a su hija de seis años para ir a la escuela —preparando el almuerzo, buscando los pantalones rosas, no los amarillos—, descubre que la máquina lavaplatos no lavó los platos de la cena de la noche anterior. De hecho, está descompuesta. Después de lavar a mano los tazones para el cereal, vuelve a la mesa del desayuno y se encuentra con la sorpresa de que el pañal de la bebé ha sufrido una explosión. La levanta de su silla y sonríe, no muy apenada, para devolvérsela a Michael, quien en ese momento va llegando del gimnasio. A las 8 de la mañana, Jenna ya está lista para la siesta que jamás llegará ese día.

Podríamos llamar a esta etapa como «los años borrosos». Los años en los que no puedes dormir, no puedes terminar un pensamiento sin que te interrumpan, no puedes ducharte ni ir al baño en privado y no puedes salir de casa sin meter en la maleta lo suficiente para un viaje de una noche. Es la etapa de la vida en la que la famosa frase «los días son largos pero los años cortos» resuena en tus oídos, animándote y causándote ansiedad al mismo tiempo. Por un lado, estás ansioso por llegar a la tierra prometida en la que los niños se levantan y se preparan ellos mismos el desayuno los sábados por la mañana (es pura magia, amigos); por otro lado, una pequeña parte de ti quiere que sigan siendo pequeños para siempre. Cuando estás en plena etapa de embarazo, noches sin dormir, pañales, enseñar al niño a ir al baño, más noches sin dormir, constantes resfriados, huelgas de siesta —¿mencioné las noches sin dormir?— puede ser difícil imaginar tener alguna vez ancho de banda para algo como el discipulado, y puede ser tentador pensar que son tan pequeños que tal vez no hará una gran diferencia de todos modos.

Si esto te suena familiar, por favor, quiero que sepas que te veo y lo entiendo. Recuerdo haber llorado en el vestíbulo de nuestra iglesia, después de haber llegado para el servicio de culto solo para pasar la mayor parte del servicio en la sala de madres lactantes

Edades de 0 a 6 años

con Noah, preguntándome si valía la pena seguir tratando de asistir los domingos por la mañana. Nunca olvidaré lo que Sue — una amiga con cinco hijos adultos y una gran empatía— me dijo esa mañana. Me recordó lo que dice Isaías 40:11:

> Como un pastor que cuida su rebaño,
>   recoge los corderos en sus brazos;
> los lleva junto a su pecho,
>   y guía con cuidado a las recién paridas.

Sue me recordó que Dios no era ajeno a mis limitaciones y mi agotamiento. Muy al contrario, me aseguró que Él era plenamente consciente de ello y que me guiaría con gentileza a través de esta temporada. Gentileza cuando ya no tuviera nada más que dar. Gentileza cuando no pudiera ni siquiera orar. Gentileza cuando me viera tentada a arrojar cosas contra la pared a mitad de la noche (uno de nuestros hijos no comenzó a dormir de forma constante durante la noche sino hasta que tenía cuatro años).

Así que por favor lee este capítulo con una gentileza hacia ti mismo que emule la gentileza que el Padre tiene para ti. No podrás hacer todo lo que planeas. A veces los vómitos, las siestas perdidas y las fiebres desbaratarán tus días. Dios lo ve todo y lo entiende. Ese mismo Dios se permitió a sí mismo ser un bebé que no podía dormir, un niño pequeño que ensuciaba las cosas y luego un niño en edad preescolar con un millón de preguntas —e hizo todo eso porque te ama—. Así que parte de la invitación que recibes hoy es permitir que ese amor te guíe con gentileza durante estos años.

Pero amigos, por favor permitan que el Espíritu Santo los *guíe*. Puede parecer que la tarea del discipulado es imposible dadas sus limitaciones actuales, o que no tiene sentido, al considerar lo pequeños que son sus hijos. Pero ninguna de estas cosas es cierta. Así que desde ese paraguas gigante de gentileza, por favor permítete ser guiado y desafiado. Encontrarás a Dios en tu proceso de crianza más de lo que jamás creíste posible durante esta etapa.

En la etapa de la fe por experiencias, la principal manera de tener un acercamiento espiritual es la experiencia, más que la comprensión cognitiva de la fe. En esta etapa los niños aprenden al hacer, y descubren qué hacer al imitar a las personas más cercanas a ellos. Seguir a Jesús en la etapa de la fe por experiencias se centra en la participación en las prácticas y rituales de la fe que involucran el cuerpo y los sentidos para el discipulado.

Por experiencias

Mis propios hijos aprendieron a participar en la oración y el culto corporativos antes de entender lo que decían o cantaban. Cuando apenas estaba aprendiendo a hablar, Noah «oraba» a la hora de comer diciendo «Asha-ba-a-sha-ababa-shaa ¡*Amén*!». Y tengo un video de Silas cuando tenía tres años, recitando el Padre Nuestro. Es muy preciso con cada una de las palabras al principio, pero cuando llega a «mas líbranos del mal», todas las palabras se mezclan en un adorable enredo de balbuceos hasta que, prácticamente sin aliento, llega emocionado al «¡Amén!» como si hubiera tropezado con una especie de línea de meta.

Mi amigo Cory me contó que su hijo de tres años le muestra cada golpe y herida para que ore por él. «Me ve hacerlo y quiere ser como papá», dice. Cory me explicó que a él y a su esposa «les enseñaron a cantar canciones populares y a besar las heridas para que los niños se sintieran mejor. Nosotros decidimos que queríamos enseñarle a Jael a voltear hacia Dios siempre que lo necesitara, incluso para los pequeños golpes y heridas. Para que él comenzara a hacerlo, lo practicamos el uno con el otro. Orábamos

Edades de 0 a 6 años

el uno por el otro cuando nos dolía la cabeza, cuando nos golpeábamos un dedo del pie o si simplemente teníamos tos. Lo asimiló muy rápido, y ahora forma parte de él».[1]

A primera vista, estas anécdotas pueden parecer espiritualmente insignificantes, pero creo que están llenas de peso y significado. Cuando veo a niños pequeños imitando las acciones de sus padres creyentes, veo el movimiento constante y misericordioso de Dios hacia la humanidad; en este caso, moviéndose hacia estos pequeños a través de los hábitos de sus padres. Veo a un Dios que utiliza las experiencias y acciones de la fe encarnada como asideros estables y seguros a los que agarrarse, como los dedos ansiosos que los padres extendemos cuando esos mismos bebés aprenden a caminar.

Cuentos, canciones, versículos y oraciones aprendidos de memoria, rituales como las oraciones antes de acostarse y antes de las comidas, y ritmos familiares como el culto dominical: estas prácticas de fe en la vida diaria ayudan al niño a aprender cómo se ve un seguidor de Jesús. Más adelante, cuando sus mentes maduren, podrán interpretar y comprender estas experiencias de una manera nueva, pero esto no disminuye la realidad de que, para estos pequeños, estas experiencias son una expresión de fe genuina.

BEBÉS Y NIÑOS PEQUEÑOS

Es tentador pensar que no hay discipulado que hacer cuando nuestros hijos parecen poco más que paquetes de monadas que comen, lloran, duermen y ensucian pañales. Pero recuerdo que un día, mientras mecía a Noah y oraba por él, el Espíritu Santo me detuvo por completo. Mi oración típica en ese momento era que Noah creciera para llegar a conocer a Dios. En ese momento, de repente me sentí convencida de que mi oración era demasiado pequeña. En cambio, sentí que el Espíritu Santo me invitaba a orar para que Noah conociera a Dios *ahora*, para que fuera claramente consciente de la presencia, el amor y el poder de Dios, incluso allí mismo, en mis brazos.

Ese cambio de perspectiva me cambió. Comencé a confiar en la capacidad y el deseo de Dios de involucrar a mi hijo más de lo que lo había hecho en el pasado y a pensar en esa edad como una temporada importante para moldear y formar hábitos que eventualmente moldearían y formarían nuestra vida familiar. Así como colocar las vías de un tren o construir unos cimientos, nuestra intencionalidad durante los meses de la infancia y la niñez no es irrelevante desde el punto de vista espiritual. Mi amigo Andrew cuenta que hacía oraciones que sus bebés no entendían y les leía historias bíblicas que no podían comprender en un intento de moldearse y formarse a sí mismo como padre cristiano. Y creo que estas prácticas también formarán al niño de maneras que no podemos ver ni comprender. Pocas personas que conozco se preguntarían si es bueno leerle a sus hijos cuentos antes de dormir aun cuando no son capaces de hablar, o si deberían hablarles con frases bien estructuradas. Del mismo modo, orar con nuestros bebés, adorar a Dios, leerles historias sobre Jesús e invitarlos a la presencia y la bendición del Espíritu Santo: toda esta intencionalidad jamás es en vano.

Otra cosa que hay que recordar sobre la etapa de la fe por experiencias es que, para los más pequeños, nosotros, los padres y cuidadores, somos el modelo principal de cómo es Dios. Por ejemplo, la idea de que «Jesús nos ama» solo se entiende a través del punto de referencia del niño para comprender el «amor». A esta edad, este punto de referencia no es una teoría abstracta del amor, sino la experiencia de ser tu hijo y ser amado por *ti*. Cuanto más puedas ayudar a tus hijos a asociar tu amor con el amor de Dios —porque, de hecho, tu amor está literalmente diseñado para ayudarles a ver y sentir el amor de Dios— más sabrán, más allá de la cognición humana, que «Dios es amor» (1 Juan 4:8).

Edades de 0 a 6 años

Por ejemplo, una cosa que Greg y yo empezamos a hacer cuando nuestros niños eran pequeños fue cargarlos o abrazarlos en el servicio de culto en la iglesia durante la música de alabanza y adoración, en lugar de hacer que se quedaran sentados o de pie en el banco. A pesar de lo difícil que era abandonar el concepto de espacio personal, especialmente durante los húmedos veranos de Rhode Island en un edificio de iglesia sin aire acondicionado, Greg y yo nos comprometimos a fomentar su instinto de acurrucarse y estar cerca de nosotros como una forma de ayudarles a asociar el servicio de culto con el amor. Con el tiempo, esto se convirtió en una rutina. Decidimos no dejarlos en la guardería al principio del servicio de culto, sino esperar hasta que empezara el sermón, para que pudieran estar presentes en la adoración y disfrutar de un rato de mimos. Nos gustaba imaginar que, de alguna manera, estaban experimentando lo que se siente al ser abrazados por Dios. Ahora que son mayores y ya no se dejan abrazar, sigo intentando rodearlos con un brazo (a menos que me rechacen, pero no suele ser el caso), ponerles una mano en el hombro o rascarles un poco la espalda mientras cantamos.

LLÉVATE ESTA IDEA: ABRAZOS DE ADORACIÓN

Edades: Bebés, niños pequeños, preescolares

Instrucciones:

- Permite que los niños muy pequeños permanezcan contigo durante la música de alabanza y adoración. Considera la posibilidad de dejarlos en la guardería solo durante el sermón y los momentos de oración.
- Obviamente, no lo fuerces, pero si tus hijos te permiten que los tomes en tus brazos, abrázalos y mantenlos cerca mientras cantas. Es posible que te resulte útil usar un portabebés. Cargar a tu niño en la espalda es una opción estupenda para niños un poco más grandes.

- Susúrrales al oído cuánto los amas, cuánto los ama Jesús y el significado básico de la canción. «Esta canción trata de lo maravilloso que es Dios».
- Ayúdales a cantar o incluso a levantar las manos en señal de adoración para «abrazar» a Dios.

EDUCACIÓN PREESCOLAR

A medida que tus hijos se vuelven más verbales, con lapsos de atención que aumentan poco a poco, este es un buen momento para comenzar a invitarlos a participar en prácticas verbales en torno a la oración y las Escrituras.

Tan pronto como nuestros hijos tuvieron edad suficiente para responder preguntas sobre sus propias emociones, alrededor de los dos o tres años, empezamos a hacer todos los días una «oración de examen» antes de acostarnos. La «oración de examen» o el «examen diario» es una antigua práctica espiritual que consiste en mirar hacia atrás y reflexionar sobre los momentos del día en los que has notado la presencia de Dios y aquellos en los que puedes haberla pasado por alto. Uno de los frutos de la práctica regular de la oración de examen es aprender a reconocer la presencia de Dios contigo en todo momento, tanto en los momentos de consuelo (alegría, esperanza, conciencia de Dios) como en los de desolación (dolor, desesperación o sentimiento de lejanía de Dios). Como la idea de «notar la presencia de Dios» está un poco más allá de la capacidad de un niño de tres años, simplificamos las preguntas a estas:

- ¿Cuándo te sentiste feliz hoy? (Todos responden, incluidos los padres).
- ¿Cuándo te sentiste triste hoy? (Todos responden, incluidos los padres).
- ¿Quién estaba contigo cuando estabas alegre y cuando estabas triste? (El niño responde: «¡Jesús!»).

Con demasiada frecuencia, especialmente en la iglesia occidental (blanca), una teología del sufrimiento poco desarrollada puede hacer que la primera experiencia de sufrimiento lleve al niño rápidamente a cuestionar la presencia o la bondad de Dios. Preocupada por esta dinámica, quería que mis hijos supieran profundamente en sus huesos espirituales que Dios está con ellos siempre. Él está con ellos en momentos de gran alegría y en momentos de gran sufrimiento. Quería que esta fuera una verdad tan fundamental que les permitiera atravesar cualquier sufrimiento futuro en su vida con la confianza de que Dios no los había abandonado.

Me di cuenta de que esta verdad se había anclado profundamente en el alma de Noah cuando, a los tres años, se preparaba para ir al dentista por primera vez y estaba muy nervioso. No dejamos de asegurarle que esta vez solo le iban a contar los dientes, que quizá se los cepillarían un poco, que yo podría quedarme con él en la sala de exploración y que no le iba a doler nada. Esta conversación se prolongó durante días. En un momento dado, sintiéndome un poco exasperada y con la esperanza de recordarle a Noah que yo estaría allí mismo, en la sala, con él, le pregunté: «Pero, ¿quién va a estar *contigo* en el dentista?». Suspiró con visible alivio y dijo: «Oh... Jesús». Tuve que reprimir una carcajada, pero en ese momento me di cuenta de que la presencia de Jesús le tranquilizaba más que la mía, y eso me pareció más que bien.

En un tono menos elevado, en otra ocasión en la que me sentía especialmente frustrada con Silas, le grité sin pensar: «Silas Johnson, *¡¿qué hay contigo?!*». Sin perder un segundo, me miró con una sonrisa tímida y dijo: «¡Jesús!». En un instante, toda mi frustración se convirtió en una risa incontrolable.

Cuando los niños crecieron un poco, cambiamos las preguntas de la hora de acostarse por las preguntas más clásicas de la oración de examen sobre notar y echar de menos la presencia de Dios. Mientras crecíamos, mis padres solían hacer una versión de esto semanalmente en la mesa con nosotros, llamándola «Cacería de

Dios». Una cacería de Dios es similar a una cacería de osos, pero en este caso no se cazan animales peludos, sino avistamientos de Dios a lo largo del día o de la semana.

LLÉVATE ESTA IDEA: ORACIÓN DE EXAMEN ANTES DE DORMIR

Edades: A partir de preescolar

Instrucciones:

- A la hora de acostarse, invita a tu hijo o hijos a repasar el día y pregúntales: «¿Cuándo te sentiste feliz hoy?» y «¿Cuándo te sentiste triste hoy?».
  - Deja que respondan. No sugieras ni corrijas.
  - Comparte tú mismo cuándo te sentiste feliz y triste durante el día.
  - A continuación, pregunta: «¿Quién estaba contigo hoy cuando estabas contento y cuando estabas triste?».
  - Ayúdales a aprender a responder: «¡Jesús!».
- Cierra el tiempo agradeciéndole a Jesús porque siempre está con nosotros, pase lo que pase.

LLÉVATE ESTA IDEA: CACERÍA DE DIOS

Edades: Niños que pueden hablar

Instrucciones:

- Elige un momento en el que todos los miembros de la familia estén presentes y las distracciones sean limitadas. La hora de cenar o de acostarse suelen funcionar bien.
- Explica: «¡Vamos a ir de Cacería de Dios! Vamos a buscar dónde hemos visto a Dios hoy o esta semana. Podemos encontrar a Dios en muchos lugares si aprendemos a buscarlo».
- Haz que cada miembro de la familia comparta dónde vio a Dios ese día. Tal vez en un momento de alegría, paz,

Edades de 0 a 6 años

amor, belleza o bondad. Tal vez fue en un momento difícil que se hizo soportable gracias al consuelo de Jesús.
- Si a tus hijos les cuesta encontrar a Dios en su día, otros miembros de la familia pueden ayudarlos a «cazar». Ten la seguridad de que Él estaba allí.
- Cierra el tiempo dándole gracias a Dios porque siempre está con nosotros.

Los niños mayores y los niños en edad preescolar también pueden empezar a memorizar las Escrituras. Aunque es posible que al principio no comprendan del todo las palabras que están diciendo, la idea es ayudar a nuestros hijos a esconder la palabra de Dios en sus corazones (ver Salmo 119:11), interiorizando verdades profundas sobre Dios que van más allá de la comprensión superficial para llegar al conocimiento y la seguridad a nivel del corazón.

Mi sugerencia número uno es traducir las Escrituras a un lenguaje que los más pequeños puedan entender. Mi ejemplo favorito de esto, de mi propia infancia, fue una traducción de 1 Pedro 5:7 que dice: «Depositen en él toda ansiedad, porque él cuida de ustedes». La versión de mi madre para nosotros era «Lánzaselo a Jesús». Siempre que estábamos preocupados, mamá decía: «¡Lánzaselo a Jesús!». Todavía uso esta frase hoy, y todavía creo que Jesús puede manejar lo peor que yo le arroje. Esta idea se escondió en mi corazón en la infancia de una manera que ha seguido dando frutos en mi vida adulta.

He aquí algunos otros ejemplos que Greg y yo hemos utilizado a lo largo de los años con nuestros hijos:

- Salmo 4:8: «En paz me acuesto y me duermo, porque solo tú, Señor, me haces vivir confiado».

    Versión para niños pequeños: «Cerraré los ojos y me dormiré porque Dios me hace sentir muy, muy seguro».

- Efesios 4:26: «Si se enojan, no pequen».
  Versión para niños pequeños: «Cuando estés enfadado, no pegues, muerdas, patees, lances cosas ni grites...».

- 2 Corintios 10:5: «Destruimos argumentos y toda altivez que se levanta contra el conocimiento de Dios, y llevamos cautivo todo pensamiento para que obedezca a Cristo».
  Versión para niños pequeños: «¿Te suena a que eso es algo que diría Jesús? ¿No? Mandemos ese pensamiento feos a la cárcel».

Te sorprenderá lo que tus hijos son capaces de memorizar desde una edad muy temprana. Y ten en cuenta que tú no eres el único que estás discipulando a tus hijos. El mundo que los rodea —desde los programas que ven hasta las canciones que oyen en la radio y las cosas que aprenden en la escuela— no es neutral en lo que se refiere a su formación. El mundo los está discipulando activamente con sus propios evangelios: el evangelio de la moda, el evangelio de la codicia, el evangelio del individualismo, el evangelio de la libertad sexual, incluso el evangelio del nacionalismo. Recuerdo cuando Noah llegó un día de la guardería y me recitó perfectamente el juramento a la bandera. Sinceramente, ni siquiera me había planteado que fuera capaz de memorizar algo tan sustancial y, como un puñetazo en el estómago, me di cuenta de que sus maestras estaban haciendo un mejor trabajo de discipulado que yo. Creo firmemente que, como seguidores de Jesús, nuestra principal lealtad debe ser hacia el Rey Jesús por encima y antes de cualquier lealtad secundaria que tengamos. Así que me pareció preocupante que esta promesa de lealtad secundaria estuviera escondida en su corazón antes de que yo hubiera sido intencional al ayudarle a esconder allí al menos el Padre Nuestro.

Fue un llamado de atención para nosotros. Greg, que es un apasionado de la historia de la iglesia, empezó a llevar a los niños de paseo para que memorizaran el minicatecismo de Lutero.

Conocido como la «Pequeña Daga» de Lutero, esta herramienta didáctica se compone simplemente de los Diez Mandamientos, el Padre Nuestro y el Credo de los Apóstoles (una declaración básica de la fe cristiana). Ahora bien, no es absolutamente necesario que te lleves esa idea, pero te animo a que consideres qué mensajes, qué evangelios y qué lealtades se ocultan en los corazones de tus hijos, incluso a esta tierna edad, y qué verdades quieres ayudarles a ocultar allí también.

Una manera fácil de fomentar la memorización de las Escrituras es a través de canciones, y es casi sin esfuerzo de tu parte. Puedes discipular a tus hijos durante el tiempo de juego o en el coche, o mientras tú estás haciendo otra cosa por completo.[2] La música es una herramienta de memorización increíblemente útil. Hasta el día de hoy, cada vez que busco un versículo, sigo tarareando la canción de los libros de la Biblia que aprendí cuando tenía siete años.

Con el tiempo, a medida que crecen, será importante ayudar a nuestros hijos a comprender las cosas que han memorizado. Memorizar sin comprender no les servirá de mucho a largo plazo. Pero del mismo modo que mi comprensión de lo que significa «lanzárselo a Jesús» ha madurado, podemos ayudar a nuestros hijos a crecer en la comprensión adecuada para su edad de lo que han escondido en sus corazones.

EDUCACIÓN PRIMARIA

Para los niños de cinco y seis años que van a la escuela, puedes empezar a aprovechar algunas de las rutinas que conlleva una jornada escolar más estructurada, así como su creciente capacidad para leer y escribir.

Cuando mi hermana y yo estábamos en la escuela primaria, mis padres comenzaron una rutina diaria de oración matutina con nosotros. Justo después del desayuno y antes de que llegara el autobús escolar, nos reuníamos en el estudio de mamá para orar unos diez minutos en familia. Nuestra rutina era muy sencilla: orábamos por peticiones inmediatas y necesidades de oración, luego pasábamos un rato de orar en general por amigos y familiares, y terminábamos con el Padre Nuestro. Nuestros labradores negros, Tara y Tika, se acostumbraron tanto a nuestra loca carrera hacia el autobús escolar al terminar la oración de la mañana que cada vez que alguien oraba en nuestra casa, los perros saltaban emocionados al oír la palabra *amén*.

Para mantener nuestra atención y ayudarnos a participar plenamente en este tiempo de oración, mamá creó lo que ella llamaba un «Árbol de Oración», un árbol gigante desnudo recortado en cartulina marrón que pegó con cinta adhesiva a un lado de su archivador. Recortaba «hojas» de cartulina, las colocaba en una caja sobre la mesita y nos invitaba a escribir peticiones de oración en las hojas, junto con la fecha. La única regla era que las peticiones debían ser lo bastante específicas y mensurables como para poder determinar fácilmente cuándo habían sido respondidas. Por ejemplo, «la paz mundial» no era algo que se debiera poner en una hoja, pero, por ejemplo «el fin de la guerra del Golfo» estuvo en una hoja durante trece meses, de enero de 1990 a febrero de 1991.

A lo largo de los años, otras cosas estuvieron en las hojas: oraciones por amigos y familiares enfermos; ayuda con los deberes de la escuela, los exámenes y otras fuentes de ansiedad infantil; la restauración del matrimonio de un familiar que tenía problemas; los amigos que aún no conocían a Jesús; un viaje seguro; acontecimientos mundiales como guerras y hambrunas, etc. Cada día, repartíamos las hojas como si fueran cartas hasta que la caja quedaba vacía, y orábamos por lo que llegaba a nuestra mano. Cuando la oración había sido respondida, la pegábamos en el árbol. Recuerdo perfectamente la sensación de alegría y satisfacción que sentíamos cada vez que pegábamos una hoja nueva, y me encantaba ver cómo las ramas se iban llenando de hojas a lo largo del año.

Una hoja que nunca olvidaré llevaba el nombre de «Terry Waite». En 1987, cuando yo tenía seis años, Terry Waite, un experimentado negociador de rehenes y asistente del Arzobispo de Canterbury, fue secuestrado en Beirut, Líbano. Terry se encontraba en Líbano como representante oficial de la Iglesia de Inglaterra, negociando la liberación de cuatro rehenes retenidos por la Organización de la Yihad Islámica. Mientras mantenía conversaciones con la organización, se le prometió un salvoconducto para visitar a los rehenes, pero fue traicionado y tomado como rehén. Añadimos el nombre de Terry a una hoja, así como el de cada uno de los demás rehenes, y oramos a diario por su liberación. Terry fue liberado el 18 de noviembre de 1991, y aquella hoja hecha jirones y arrugada se colgó finalmente en el árbol. Más tarde, le enviamos la hoja con una carta en la que le explicábamos nuestras oraciones diarias por su liberación.

Cuando las oraciones no habían sido respondidas, se pegaban al armario cerca de la base del árbol, como hojas caídas tiradas en el suelo. Pero eran muchas menos, y sinceramente no recuerdo ninguna con detalle. Mamá nos recordaba a menudo que empezó a practicar esta costumbre con un miedo atroz a tener que explicarnos las oraciones sin respuesta, un miedo que finalmente tuvo que enfrentarse con la asombrosa imagen de un árbol lleno de hojas año tras año. Recuerdo haber orado por dos personas que finalmente murieron: oramos durante tres meses por la sanación de mi abuela tras una lesión cerebral relacionada con el asma que finalmente le causó la muerte, y oramos por la sanación de una querida amiga de cáncer de colon, que también acabó causándole la muerte. En lugar de pegar estas hojas en el suelo, las pegamos encima del árbol para simbolizar nuestra esperanza de que ahora estuvieran con Jesús.

Cada Día de Acción de Gracias, sacábamos las hojas y las leíamos en voz alta en la mesa, dando gracias a Dios por cada una de las oraciones contestadas. Esta práctica diaria influyó profundamente en mi vida. Aunque recuerdo haberme sentido enfadada con Dios cuando murió mi abuela, la lección más duradera que me llevé de los años de oración de intercesión infantil no es que a veces Dios responde con un no —lo cual es cierto y seguramente lo he experimentado—, sino que cuando oras, Dios escucha y las cosas en nuestro mundo cambian —desde los exámenes de ortografía hasta los matrimonios y las guerras—.

Además de las peticiones de oración inmediatas y específicas, mis padres también nos ayudaban a orar oraciones generales de bendición para la familia y los seres queridos. Cada año recogíamos todas las tarjetas de Navidad que recibíamos de amigos y familiares y las añadíamos a la caja de oración, sustituyendo las fotos del año anterior cuando era necesario. Durante nuestros momentos de oración matutinos, cada uno de nosotros recibía una tarjeta con foto junto con nuestro puñado de hojas. Aprendimos a orar no solo por personas a las que queríamos mucho, sino también por personas a las que apenas conocíamos. Oramos por presidentes de InterVarsity y obispos episcopales, amigos universitarios de mis padres, misioneros en el extranjero y por personas que nunca conocimos en la vida real. Aprendimos a orar para que experimentaran la presencia y la alegría de Dios, e incluso aprendimos a escuchar a Dios para pedir cosas concretas.

Cuando tenía seis años, durante uno de esos momentos de oración, anuncié que mi madrina (que sabíamos que estaba embarazada pero aún no había llegado a la fecha en que esperaba a su bebé) acababa de dar a luz. Anuncié con confianza que había tenido un niño y que le había puesto por nombre Joseph. Más tarde, mamá llamó a su amiga un poco vacilante y descubrió que, efectivamente, Joseph había nacido ese mismo día.

LLÉVATE ESTA IDEA: EL ÁRBOL DE ORACIÓN

Edades: Primaria (niños que pueden leer)

Necesitarás:

- Un «árbol» desnudo en algún lugar visible de la casa (puedes recortar el tronco y las ramas de papel o cartulina y pegarlos a la pared; pintar un mural en una pared en blanco; o recortar una rama de árbol, quitarle las hojas y colocarla en algún lugar al interior de la casa)
- Una colección de «hojas» recortadas en forma de hoja de árbol en papel grueso o cartulina (debe ser fácil escribir sobre el material y lo suficientemente resistente como para manipularlo varias veces)
- Un recipiente para las hojas y/o las fotos
- Bolígrafos
- Cinta

Instrucciones:

- Invita a los miembros de la familia a escribir peticiones de oración en las hojas. Las peticiones deben ser lo más específicas y concretas posible (por ejemplo, «que Juan sea sanado de cáncer» en lugar de «la paz mundial»).
- Dedica un tiempo diario o semanal a interceder por las peticiones. Reparte las hojas a cada miembro de la familia e invita a todos a orar por sus hojas.
- A medida que las oraciones sean respondidas, pégalas al árbol. No temas que Dios no responda a las oraciones: ¡espera y verás!
- Hay ocasiones en las que Dios no responde a nuestras oraciones de la forma en que se las pedimos. Las más conmovedoras son cuando las oraciones de sanación no son respondidas o cuando alguien a quien amamos muere. Cuando esto ocurre, puedes sentir la tentación de dar demasiadas explicaciones y «encubrir» a Dios mientras te enfrentas a la realidad de una oración sin respuesta. En

lugar de eso, te animo a que veas esto como una oportunidad para enseñarles a tus hijos sobre la práctica conocida como «lamento». El lamento es cuando simplemente clamamos a Dios en nuestro dolor, seguros de que su corazón también sufre. Puedes asegurarles a tus pequeños que Dios nunca es el autor del sufrimiento y que Él también está triste. También está trabajando para arreglar todo lo que está quebrantado, y podemos esperar el día en que «Él enjugará toda lágrima de los ojos. Ya no habrá muerte ni llanto, tampoco lamento ni dolor, porque las primeras cosas han dejado de existir» (Apocalipsis 21:4).

- El Día de Acción de Gracias, quita todas las hojas del árbol y léelas en voz alta, dando las gracias por cada oración contestada a lo largo del año.

Lo esencial para los pequeños es lo siguiente: ayúdales a hacer lo que tú haces como seguidor de Jesús. Involucra sus sentidos y sus cuerpos completos. Utiliza prácticas rituales y repetidas. En todas tus interacciones, ayúdales a asociar a Dios con el amor, y el amor con Dios. Westerhoff lo expresa así:

> Para la fe cristiana, la palabra y la acción nunca están separadas. La fe experimentada, por tanto, es el resultado de nuestras interacciones con otros creyentes. Por tanto, la pregunta que debe hacerse un padre es la siguiente: ¿Qué significa ser cristiano con mi hijo? Abordar seriamente esa pregunta es descubrir qué tipo de entornos, experiencias e interacciones son necesarios para nuestra propia vida de fe y la de los demás. Vivir de una manera cristiana con los demás, pasar de las palabras a los hechos y de los hechos a las palabras, compartir la vida con otros, estar abiertos tanto a influenciar como a ser influenciado, e interactuar con otros creyentes en una comunidad de fe cristiana es proporcionar el entorno necesario para una fe experimentada.[3]

PRÁCTICAS ESCÉNICAS VIVENCIALES

Arriba: Estar con Jesús

- Orar una oración que diga «Jesús, ayúdame» para todo, desde juguetes perdidos hasta rodillas raspadas o monstruos.
- Memorizar el Padre Nuestro.
- Ungir con aceite a los que estén enfermos.
- Hacer oraciones de guerra espiritual: «Vete, monstruo, en el nombre de Jesús».
- Orar en lenguas con o sobre tu hijo.
- Jugar a dar las gracias: ¿Cuántas cosas se te ocurren para darle gracias a Dios?
- Utilizar versiones para niños pequeños de los versículos para memorizar:
  - Cuando esté ansioso: «Lánzaselo a Jesús» (ver 1 Pedro 5:7).
  - Cuando no pueda dormir: «Cerraré los ojos y me dormiré porque Dios me hace sentir muy, muy seguro» (ver Salmo 4:8).
  - Para el comportamiento agresivo: «Cuando estés enfadado, no pegues, muerdas» (ver Efesios 4:26).
- Leer o volver a contar historias bíblicas.
- Hacer una fiesta de baile con música de adoración o «música de Jesús».
- Incorporar abrazos durante el tiempo de alabanza y adoración.
- Susurrarles a los más pequeños al oído «traducciones» de las letras de las canciones durante el tiempo de adoración en la iglesia para ayudarle a entender de qué trata la canción.

***Adentro:** Llegar a ser como Jesús*

- Compartir en familia «agradecimientos y quejas» diarios durante la cena o a la hora de acostarse. En esencia, es como la oración de examen antes de acostarse, pero con un lenguaje con el que los niños pequeños pueden identificarse fácilmente.

- Practicar una liturgia de disculpa y reconciliación: «Siento haber hecho X», con la respuesta: «Te quiero y te perdono».

- Identificar y nombrar las emociones, y luego relacionar las emociones con las Escrituras:

    - Es normal estar triste. Jesús también lloró (ver Juan 11:35).
    - Es normal enojarse. Jesús también se enfadó (ver Mateo 21). Pero, cuando estamos enfadados, no pegamos, mordemos, pateamos ni gritamos (ver Efesios 4:26).
    - Cuando tenga miedo, confiaré en Dios (ver Salmo 56:3).
    - Cuando estoy preocupado, puedo lanzarle mi preocupación a Jesús (ver 1 Pedro 5:7).

***Afuera:** Hacer lo que Jesús hizo*

- A los niños les encanta «ayudar». En los eventos de la iglesia, asígnales tareas propias de niños (apilar cosas, recoger la basura, etc.).

- Recoger la basura de tu comunidad.

- Oren por amigos que no conocen a Jesús. Explícales: ¿Sabías que no todo el mundo conoce a Jesús? ¿Cómo te hace sentir eso? ¿Cómo crees que podrían oír hablar de Él?

- Si les das dinero semanalmente, invítalos a llevar su propio diezmo a la iglesia.

- Oren cuando escuchen una sirena (ambulancia, policía, bomberos).

- Oren por las personas que piden dinero, hablen con ellos, o ambas cosas.
- Oren por los misioneros y escríbanles cartas.

Con: Seguir juntos a Jesús

- Asistir regularmente al culto en familia.
- Enseñar a los niños que la «iglesia» no es un edificio o un acontecimiento, sino una familia más grande a la que pertenecen.
- Dejar que los niños participen en el culto de los adultos. Si puedes evitarlo, no los lleves automáticamente a la guardería.
- Permitir que los niños pequeños sirvan junto a sus padres en la iglesia: repartiendo boletines, recogiendo la basura, etc.
- Practicar una «cena familiar extendida» semanal o mensual. Cultiva la expectativa de que los demás son bienvenidos a tu mesa con regularidad. Modela y practica la hospitalidad.
- Explicar los valores que definen a la familia: «No hacemos X. Hacemos Y, porque Jesús hace Z».
- Practicar el *sabbat* jugando en familia todas las semanas. Sin trabajo, sin teléfonos, todos presentes.
- Crear ritmos anuales como el campamento familiar.

PREGUNTAS PARA REFLEXIONAR

1. Dedica unos minutos a pensar en alguno de tus hijos que se encuentre actualmente en esta etapa. Reconoce y dale gracias a Dios por la fe que ves crecer y desarrollarse en ellos. ¿Qué es lo que más aprecias de su relación con Dios?
2. ¿Qué es lo que más te gusta de esta etapa? ¿Qué es lo que más te gusta de esta etapa como padre o madre? ¿Qué cosas de esta etapa pueden hacer que el discipulado sea agradable o divertido?

3. ¿Cuáles son los retos de esta etapa? ¿Cuáles son los aspectos que menos te gustan de la crianza de tus hijos en esta etapa? ¿Qué aspectos de esta etapa pueden dificultar el discipulado?

4. Cada una de las etapas de Westerhoff está presente en la fe adulta. Tómate un momento para evaluar cómo la fe por experiencias ha dado forma a tu propio camino espiritual: ¿Cuáles han sido las experiencias más convincentes que has tenido últimamente en las que has visto a Dios actuar en tu vida? ¿Cómo es tu relación actual con los rituales y las rutinas espirituales? ¿De qué manera tus prácticas espirituales involucran tu cuerpo y tus sentidos?

5. ¿Cuál es la nueva práctica que te gustaría probar con tu hijo que está en la edad de la fe por experiencias?

Para líderes y pastores

1. ¿Cómo describirías el ministerio de tu iglesia para los niños en la edad de la fe por experiencias? ¿Cómo fomenta tu iglesia la mentalidad de «creer al hacer»?

2. ¿Cómo apoyas a los padres de niños en edad de la fe por experiencias?

EDADES DE 7 A 11 AÑOS
La etapa de la fe por vínculos
(O los años de los escuadrones de amigos)

> La familia es la única institución humana que no podemos elegir. Entramos simplemente por el hecho de nacer y, como resultado, nos vemos involuntariamente agrupados con una variedad de personas extrañas y diferentes. La iglesia supone un paso más allá: unirse voluntariamente a una extraña variedad de personas que comparten un vínculo común en Jesucristo. He observado que tal comunidad se parece más a una familia que cualquier otra institución humana.
>
> **PHILIP YANCEY, *CHURCH: WHY BOTHER? MY PERSONAL PILGRIMAGE***

CADA JUEVES POR LA NOCHE, en la zona conocida como Jewelry District en Providence, trece niñas forman un círculo con sus sillas plegables para el Estudio Bíblico para Niñas de la iglesia Sanctuary Church. Diseñado para estudiantes de primer a tercer grado y dirigido por los padres, este espacio está contribuyendo a un cambio en la forma en que pensamos sobre el ministerio de los niños en nuestra iglesia.[1]

Una madre dijo que su hija siente «un gran apego, amistad y amor hacia estas chicas. Ella no necesariamente dice algo como "estas niñas tienen la misma fe que yo", pero está comenzando a notar que hay una diferencia entre estas niñas y las niñas con las que se junta en la escuela. Quiero que Juniper se sienta más como los niños que aman a Jesús que como los que no lo hacen. Y creo que ahí es donde entra en juego el Estudio Bíblico para Niñas, porque ella realmente siente ese lugar especial de pertenencia allí».[2]

Emilia, alumna de primer grado, dijo lo siguiente: «Cuando estás con tus amigos, y también con Dios, y con toda tu familia, te hace sentir más feliz y satisfecha. Solo quieres quedarte con tus amigas para siempre y no quieres irte».[3] Y a Elsie, también de primer grado, le gusta tanto el Estudio Bíblico para Niñas, que recientemente su mamá la encontró rodeada de un círculo de ositos de peluche, dirigiendo un estudio bíblico para ellos.[4]

Estas anécdotas ilustran perfectamente cómo funciona la participación espiritual en esta etapa: la pertenencia a una comunidad. En esta etapa, el niño empieza a identificarse personalmente con la comunidad de fe y encuentra un gran significado y alegría en pertenecer a un grupo. Esto se puede ver en la descripción de Emilia: le encanta estar con sus amigos, *con* Dios *y con* su familia. También se refleja en el estudio bíblico de los ositos de Elsie: no solo ha experimentado una «tribu» espiritual, sino que la está recreando para sus bebés. Westerhoff dice de esta etapa: «Todos necesitamos sentir que pertenecemos a una comunidad consciente de sí misma y que, mediante nuestra participación activa, podemos contribuir a la vida de la misma... Es esencial que esté presente la sensación de que somos queridos, necesarios, aceptados e importantes para la comunidad».[5]

En esta etapa, los niños siguen imitando el comportamiento espiritual de los padres, pero ya no por puro instinto. Crecen en su deseo de ser como mamá y papá, y también de formar parte del grupo por derecho propio. Al principio de esta etapa, el principal sentido de pertenencia es la familia, pero hacia el final de la misma, el grupo de iguales adquiere cada vez más importancia.

Aunque los padres que hablan de su fe y la practican en el hogar siguen siendo el factor más influyente en el desarrollo espiritual del niño, la dirección «con otros» adquiere una gran importancia para esta edad precisamente porque los niños desean *pertenecer*. Esta etapa es el momento de ayudar al niño a ir más allá de la familia y conectar con la iglesia, tanto con adultos creyentes como con compañeros espirituales.

CONECTAR CON OTROS ADULTOS CREYENTES

Mi papá, conocido por mis hijos como Papi, ha estado haciendo el «Estudio Bíblico de Papi» con cada uno de mis hijos, de forma independiente, desde que estaban en el jardín de infantes. Noah ahora tiene doce años y este ritmo ha sido parte esencial de su crecimiento espiritual a través de la etapa de la fe por vínculos. De forma presencial cuando es posible, o si no, por medio de una videollamada, mi padre lo ha estado guiando a través de un plan de estudios que él mismo diseñó que ha incluido estudios bíblicos, biografías de santos a lo largo de la historia de la iglesia, y muchos videos de Bible Project [Proyecto Biblia].[6] A veces nos avisa sobre temas difíciles, pero la mayor parte del tiempo este espacio es completamente independiente de nosotros como padres.

Los investigadores del ministerio Sticky Faith del Fuller Youth Institute sugieren que la participación de otros cinco adultos cristianos en la vida del niño es otro factor importante para ayudarle a desarrollar una fe que continúe en la edad adulta.[7] Podrían ser maestros de la escuela dominical, padrinos, tus propios amigos o el personal de la iglesia. Papi es uno de nuestros «cinco». A medida que ha ido pasando por la etapa de la fe por vínculos, ha sido importante para Noah comprender que su comunidad de fe se extiende mucho más allá de nuestra familia nuclear y de la iglesia local. Ha mostrado que aprecia esta relación con sus propias palabras una y otra vez cada vez que le escribe a Papi una tarjeta de cumpleaños o de Navidad: «Estoy feliz de que seas parte de mi vida. Eres un abuelo increíble. Gracias por enseñarme sobre Jesús». Para Noah —y esperamos que para Silas también, a medida que crezca— una de las dimensiones clave de la relación con su abuelo es espiritual. El profundo vínculo que existe entre ellos no se debe solo a que comparten el apellido Cowan, sino también a que son seguidores de Jesús.

LLÉVATE ESTA IDEA: ESTUDIO BÍBLICO DE PAPI

Edades: a partir de primaria

Necesitarás:

- Un abuelo o abuela de confianza, o cualquier adulto de confianza que sea «como de la familia».
- Reunión de treinta a sesenta minutos ininterrumpidos en persona o por videollamada.

Instrucciones:

- Identifica a tus «cinco». ¿Quiénes son los seguidores de Jesús que forman parte de la vida de tus hijos que son «como de la familia»? Tal vez sean familiares —tus padres, tus hermanos, un primo— o tal vez sea un maestro de la escuela dominical, un padrino, un amigo cercano o incluso una niñera que ama a Jesús y ya pasa mucho tiempo ininterrumpido con tus hijos.
- Invita a uno de tus cinco a hacer su propia versión del Estudio Bíblico de Papi. No tiene por qué ser tan intenso como el nuestro: quizá un devocional de cuatro semanas durante el verano, un video al mes de Bible Project o una

reunión semanal para compartir alegrías y preocupaciones, y orar juntos. Se trata simplemente de extender el sentido de vínculo espiritual del niño más allá del núcleo familiar: «Creo porque creemos».

- Para los adultos que todavía no pasan tiempo en persona con tus hijos de forma regular, una videollamada puede facilitar este espacio. Solo se necesita de treinta a sesenta minutos de su tiempo desde la comodidad de su casa u oficina.

CONECTAR CON OTROS CREYENTES

A medida que el niño crece y adquiere madurez, su principal sentido de pertenencia cambiará de la familia a los compañeros, por lo que es importante ayudar a tus hijos a fomentar amistades significativas dentro de la comunidad de la fe. Muchos grupos de jóvenes comienzan en los primeros años de la escuela secundaria, pero creo que comenzar antes con experiencias similares a las de los grupos de jóvenes, conectadas con el núcleo familiar de forma intencional, podría ser lo mejor que podríamos hacer por nuestros hijos en la etapa de la fe por vínculos.

El Estudio Bíblico para Niñas de Providence es un ejemplo. Otro ejemplo es uno de los resultados más inesperados y hermosos de la pandemia de 2020 para nosotros, y fue lo que llegó a ser conocido como el Escuadrón de Niños Preadolescentes [PreTeen Boy Squad, en adelante PTBS].

Cuando comenzó la pandemia, Greg y yo queríamos buscar una forma de mantener a nuestros hijos espiritualmente comprometidos durante la temporada de confinamiento. El Estudio Bíblico de Papi en video cada semana era una pieza importante de ello, pero a partir de nuestro conocimiento de las etapas de Westerhoff, sabíamos lo importante que sería mantener conexiones con amigos en la comunidad más amplia de la iglesia, especialmente para Noah. Así que lanzamos una invitación a los padres de siete niños de diez años de la familia de nuestra iglesia:

¿Alguno de sus hijos estaría interesado en unirse a Greg cada dos semanas a través de videollamada para un estudio bíblico de cuarenta y cinco minutos, seguido (con la aprobación de los padres) de un rato de convivencia sin supervisión? Todos dijeron que sí.

Dos años más tarde, el PTBS sigue en pie y fue parte de la inspiración para el Estudio Bíblico para Niñas. Hemos añadido un «padre asistente» (el término dado por los niños) cada semana para ayudar a Greg con la logística de video y debatir. (Un consejo: si alguna vez decides compartir una pizarra de Zoom con un grupo de niños preadolescentes, asegúrate de desactivar la función de edición de los participantes). Pero el objetivo secundario no tan secreto de involucrar a otros padres era permitirles experimentar la alegría de ver a sus hijos adentrarse juntos en las Escrituras. El PTBS ha sido tanto una herramienta de discipulado para los padres (cariñosamente llamado «Escuadrón de Padres») como para los niños. Hemos realizado proyectos de servicio juntos, hemos ido de excursión en familia e incluso organizamos una noche opcional sobre educación sexual con los padres. El PTBS fue el momento destacado de la «iglesia» para mí durante los largos meses de reuniones de culto digitales.

La magia del PTBS tuvo tres efectos. En primer lugar, debido a la fuerte participación de los padres desde el principio, combinada con la plena bendición y el apoyo del liderazgo de la iglesia, se ha sentido como una especie de diagrama de Venn entre la familia nuclear y la iglesia local.

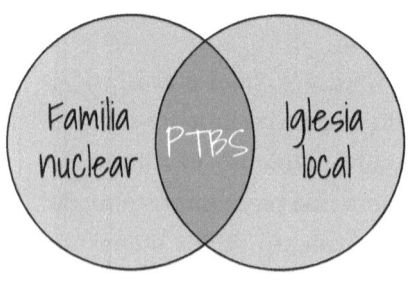

El Escuadrón de Padres elaboró conjuntamente el plan de estudios, planificó la sesión sobre educación sexual y participa regularmente en el estudio mismo. Lejos de sentirlo como una carga o pensar en ello como «la semana que me toca servir», cuando estoy en el calendario para servir como asistente, el PTBS es en realidad el momento más destacado de mi semana. Y otros padres comparten la misma opinión. (El otro comentario repetido es que todos desearían haber tenido una noche de sesión sobre educación sexual en la iglesia cuando eran niños).

El PTBS también cuenta con el pleno apoyo de nuestra iglesia local, que tiene la visión de ver a la congregación entrar en el campo de juego, con los pastores y el personal actuando más como los entrenadores y animadores que los principales jugadores en el campo. Esto es exactamente lo que ha sucedido con el PTBS. La postura de la iglesia Sanctuary Church hacia esta expresión del ministerio ha sido: «¿Qué necesitan? ¿Cómo podemos apoyarlos? Confiamos en ustedes, ¡sigan adelante!». Parte de lo que ha hecho florecer este pequeño ecosistema es la actitud de la iglesia que busca proveer lo necesario, encomendar y bendecir a padres comunes para entrar en el campo de juego en lugar de ofrecerles «profesionales».

El segundo efecto de la magia ha sido el estudio de la Biblia en sí. Greg está guiando a los niños a través de un estudio bíblico «inductivo», al igual que lo hace con los estudiantes universitarios en su trabajo con InterVarsity. Y les encanta. El sello distintivo del estudio inductivo es tratar de acercarse al texto más como un detective en busca de pistas que como un fiscal tratando de demostrar una teoría por medio de la deducción. No hay folletos, ni videos llamativos, ni accesorios o juegos tontos. Leen juntos el pasaje de las Escrituras, observan los pequeños detalles del texto, hacen buenas preguntas y lo aplican a sus vidas con la ayuda de Greg. Una gran parte del éxito del PTBS ha sido creer que los niños de diez y once años pueden profundizar mucho más de lo que se suele encontrar en una lección de escuela dominical típica.

En tercer lugar, cuando llevábamos alrededor de seis meses en este experimento, decidimos que íbamos a empezar a construir el plan de estudios en torno a las direcciones de discipulado de la iglesia Sanctuary Church: hacia Arriba, hacia Adentro, hacia

Afuera y Con otros. Reunimos al Escuadrón de Padres, los agregamos a un documento de Google, y comenzamos una etapa de buscar ideas sobre lo que podríamos hacer en ese espacio para llevar a nuestros hijos hacia Arriba, hacia Adentro, hacia Afuera y Con otros. Aquí están algunas de las cosas que los niños han hecho en los últimos seis meses, con un pasaje de las Escrituras que acompaña el estudio como refuerzo de la práctica:

- Arriba: aprender a llevar un diario de oración (Éxodo 33:7-11)
- Adentro: aprender a confesar los pecados y a recibir la gracia de Dios (Juan 8:1-11)
- Afuera: recolectar artículos de aseo personal y otros elementos para la comunidad de refugiados de Providence (Mateo 25:35-40)
- Con: comprometerse a ser amigos que se visitan, oran unos por otros y se quieren en las buenas y en las malas (1 Samuel 23:15-18).

A veces a tus hijos les costará encontrar compañeros así en su propia comunidad de la iglesia local. Uno de los padres con los que hablé, que criaba a sus hijas adolescentes en Nueva York, me dijo que educar a sus hijas a la manera de Jesús no solo las haría «raras» para el mundo, sino también para la iglesia local.

LLÉVATE ESTA IDEA: ESCUADRÓN DE NIÑOS (O NIÑAS) PREADOLESCENTES

Edades: Preadolescentes

Necesitarás:
- Al menos dos preadolescentes y sus padres
- De treinta a sesenta minutos de tiempo ininterrumpido para una videollamada (también podrían intentar hacerlo en persona, pero ten en cuenta que aumentará considerablemente el compromiso de tiempo y la complejidad logística)

- Un padre que lidere y un padre asistente por sesión
- Un plan sencillo para un estudio bíblico y las prácticas que lo acompañan

Instrucciones:
- Encuentra a un par de padres afines que tengan hijos de la misma edad que los tuyos. Comparte esta idea con ellos. Oren juntos sobre ello.
- Pídele a tu iglesia que ore por ti y te apoye.
- ¡Inténtalo! Intenta que sean treinta minutos de contenido y treinta minutos de «tiempo libre» al final (con permiso de los padres).
- No intentes llegar a la luna. Asume el compromiso de hacer la reunión cuatro veces y fíjate cómo sale. Si no funciona, no pasa nada por dejar que sea una experiencia aislada. Si funciona, ¡sigue adelante!

Para mí, hija de un pastor en una iglesia pequeña con un programa de jóvenes muy reducido, rara vez me sentía espiritualmente «normal» entre un grupo de compañeros. En mi ciudad, predominantemente católica, ser hija de un pastor era doblemente extraño: no solo era diferente por ser «superreligiosa», sino que nadie había oído hablar nunca de un «sacerdote» casado. La pregunta más habitual era: «Espera, ¿tu madre es monja?». En la iglesia tampoco era mucho mejor. Los maestros de la escuela dominical me hacían sentir vergüenza sin saberlo cuando me pedían que no contestara (para «darle una oportunidad a los otros niños»), y los amigos de la iglesia a veces se burlaban de mí por ser una «niña buena».

Recuerdo haber hablado de esto con mis padres cuando estaba en quinto grado, frustrada por sentir que no había encajado nunca y lamentando el hecho de que debido a que papá era pastor, teníamos que ser «superreligiosos». Y nunca olvidaré la corrección que hizo mi padre. «Sarah», me dijo, «por favor, no te confundas. Las decisiones que hemos tomado para nuestra familia sobre el tipo de hábitos y prácticas espirituales que mantenemos no son porque yo sea *pastor*, sino porque somos seguidores de Jesús». Fue una de esas conversaciones que se me quedaron grabadas por lo sorprendentes que fueron. Siempre había asumido que éramos diferentes —«superreligiosos»— porque ese era el trabajo de mi papá. Pero mis padres se aseguraron de que yo supiera que eran decisiones que ellos habrían tomado para nuestra familia sin importar las circunstancias.

Todo esto cambió para mí en 1992. Ese fue el verano en que asistimos por primera vez al Campamento Familiar de InterVarsity en Cedar Campus, en la Península Superior de Michigan. Cuando fui al programa para niños, en lugar de encontrarme con gente que solo iba a jugar o se burlaba de los contenidos, me encontré con una participación bíblica muy atractiva, momentos de oración profunda y noches de adoración intensas alrededor de una fogata. Me quedé asombrada. Parecía que todos los niños eran «superreligiosos», como yo, porque todas las familias se tomaban vivir a la manera de Jesús tan en serio como yo. Ya no era la única que leía la Biblia y llevaba un diario de oración. Esa semana hice amigos que me escribieron todo el año, me alentaron a permanecer cerca de Jesús, oraron por mí y me enviaron casetes con música cristiana. Betsy y yo les rogamos a mamá y papá que volviéramos al año siguiente. Terminamos volviendo todos los años hasta que me fui a la universidad.

Aquel verano yo tenía once años, y ahora que sé sobre las etapas de Westerhoff, mi experiencia resulta muy lógica. Fue muy significativo para mí conectar con un grupo de compañeros tan interesados en Jesús como yo; de hecho, me cambió la vida. Y ninguna de esas personas vivía cerca de mi familia. Estuvimos conectados todo el año a través de cartas y llamadas por teléfono. Imagínate la clase de conexiones que nuestros hijos podrían mantener hoy con sus propios amigos del otro lado del país.

LLÉVATE ESTA IDEA: ¡CAMPAMENTO!

Edades: A partir de primaria

Necesitarás:
- Un campamento cristiano increíble
- Saco o bolsa de dormir, linterna, repelente de insectos, varias mudas de ropa interior

Instrucciones:
- ¡Encuentra un campamento para tus hijos! Hay muchos sitios de campamentos familiares maravillosos. Admito que tengo preferencia por InterVarsity y los campamentos de Evangelical Covenant Church (en español Iglesia del Pacto Evangélico, mi denominación), pero cualquier lugar que los anime a seguir a Jesús en familia es una buena elección.
- Además, los campamentos de verano donde los niños pasan la noche suelen ofrecerles el mismo tipo de oportunidad que yo experimenté cuando tenía once años: pasar tiempo con compañeros que se toman a Jesús tan en serio como ellos. En una era en la que los padres son cada vez más sobreprotectores, esto puede ser difícil. La primera vez que envié a Noah, de ocho años, al campamento Squanto en Pilgrim Pines, New Hampshire, el silencio fue ensordecedor. Después me di cuenta de que cuando que se iba de campamento, generalmente tenía el contacto de alguien que podría mantenerme al tanto por teléfono si lo deseaba. Y de más está decir que la experiencia fue buena para ambos.

CULTIVAR EL AFECTO POR JESÚS

Aunque los niños de esta etapa empiezan a crecer en sus capacidades cognitivas e intelectuales, Westerhoff señala que los afectos religiosos siguen siendo dominantes en la etapa de la fe por vínculos. Advierte que a menudo pasamos demasiado rápido del afecto a una espiritualidad basada en el pensamiento y las creencias:

> Nos hemos preocupado demasiado pronto por las actividades del pensamiento en la educación cristiana, y olvidamos que el modo intuitivo de la conciencia es de igual importancia que lo intelectual. De hecho, en términos de fe, las acciones en el ámbito de los afectos son previas a los actos del pensamiento, razón por la cual la participación en las artes —actuación, música, danza, escultura, pintura y narración— es esencial para la fe. Necesitamos oportunidades para actuar de modo que aumenten los afectos religiosos. Todos necesitamos oportunidades para experimentar la admiración, el asombro y el misterio, así como para cantar, bailar, pintar y actuar.[8]

A medida que tu hijo crezca, e incluso cuando empiece a hacer preguntas intelectuales sobre el camino de la fe, no olvides seguir fomentando y alimentando su afecto por Jesús. Si bien lo que creen sobre Jesús es de vital importancia, lo que *sienten* por él también es crucial. Así como acurrucarse durante el tiempo de alabanza y adoración crea un sentimiento de seguridad y amor para un niño pequeño, cultivar un ambiente de discipulado de asombro, alegría, deleite, creatividad y belleza para el niño mayor capturará el corazón de tu hijo de nueve años al que le encanta bailar, o al hijo de diez años al que le encanta tocar la batería, o al hijo de siete años al que le encanta crear elaboradas obras de teatro de un solo acto. Estas son algunas preguntas que puedes hacerte sobre el modo en que tu hijo interactúa con Dios en la etapa de la fe por vínculos:

- ¿Nos reímos cuando hablamos de Dios? ¿Sabe mi hijo que Dios es divertido?
- ¿Cantamos, bailamos, dibujamos, tocamos música o creamos? ¿Sabe mi hijo que Dios es hermoso y creativo?

Edades de 7 a 11 años

- ¿Jugamos, imaginamos y expresamos libremente nuestras emociones? ¿Sabe mi hijo que Dios es infinitamente interesante y también está infinitamente interesado en él?

Mi ahijado Jude experimentó lo que su padre llamó «el reavivamiento en un niño de diez años», que comenzó con un aumento del afecto por Jesús, muy parecido a lo que acabo de describir. Mientras veía la primera temporada de *Los elegidos* [*The Chosen*], una serie que narra la vida de Jesús y sus discípulos, Jude se sintió atraído al instante por el personaje de Jesús. Una noche en particular, empezó a describir lo feliz que se sentía cuando Jesús aparecía en las escenas, lo mucho que amaba a Jesús, e incluso se fue a la cama hablando de su amor por Jesús. Su padre explicó cómo durante las siguientes veinticuatro horas fue testigo de respuestas a oraciones específicas que había orado por Jude con respecto a su relación con Jesús.

Primero, Jude empezó a hablar con Jesús por sí mismo en oración. Una vez, cuando se sentía ansioso por algo, Jude le dijo a su papá: «¿Recuerdas en *Los elegidos*, cuando Jesús estaba en el bosque y llamaba a su Padre (Dios)? Bueno, eso es lo que hice esta noche, llamé a Jesús y le pedí que me ayudara con mi miedo de esta noche». Después de eso, empezó a sentir curiosidad por la vida espiritual de las personas más importantes de su vida. Le preguntó por teléfono a un familiar si creía en Jesús y si podían empezar a orar juntos. Luego, utilizando una bendición que su padre ora sobre él cada día, Jude copió la bendición en un diario para su padre y su hermana. La bendición empieza así: «Jude, te amo mucho y Jesús te ama aún más que yo. Estoy muy contento de que seas mi hijo. Eres el hijo amado de Dios, y Él está complacido contigo...». Jude copió minuciosamente esta bendición dos veces, cambiando las referencias a sí mismo e insertando a su padre y a su hermana: «Me alegro mucho de que seas mi padre» y «Me alegro mucho de que seas mi hermana».

A partir de un mayor afecto por Jesús, el viaje espiritual de Jude —Arriba, Adentro, Afuera y Con otros— comenzó a florecer. Y a modo de broche de oro para nuestra conversación sobre la creciente identificación del niño en la etapa de la fe por vínculos con la comunidad de fe, varias veces ese día le dijo a su padre lo siguiente: «Quiero ser como tú, papá. Tú tienes una fuerte relación con Dios, y yo quiero tener lo mismo».[9]

PRÁCTICAS DE LA ETAPA DE LA FE POR VÍNCULOS

Ten en cuenta que, dado que cada etapa trasciende e incluye las etapas anteriores, muchas de las prácticas de la fe por experiencias siguen siendo excelentes opciones.

Arriba: Estar con Jesús

- Lleva un diario de oración.
- Crea un rincón especial para el tiempo con Dios.
- Dibuja, pinta, baila o toca un instrumento mientras escuchas música de alabanza.
- Lee y canta las letras de las canciones en la iglesia.
- Lee un devocional diario como *Jesús te llama: 365 Devocionales para Niños*.
- Intenta implementar el estudio ignaciano de la Biblia. Invita a los niños a usar su imaginación para situarse en una historia bíblica. ¿Qué ven? ¿Qué oyen? ¿Qué sienten?
- Adquiere una Biblia para «niños mayores» en esta etapa (si aún no lo has hecho). *La Biblia en acción* es una gran opción. Sé que se comercializa con un enfoque en los niños, pero por favor, cómprala para tus niñas también.
- Prueba el estudio inductivo de la Biblia. Estudia el pasaje como si fueras un detective.

Adentro: Llegar a ser como Jesús

- Ayuda al niño a confesar su pecado primero delante de Dios antes que delante de sus padres. Siguiendo el modelo de la «liturgia de la disculpa» de la etapa de la fe por experiencias, esto se convierte en: «Dios, perdóname, por X». *¿Qué crees que Él te responde?* «Te amo y te perdono».

- Ayuda al niño a aprender a discernir los pensamientos que provienen de Dios de los pensamientos que vienen del enemigo. Usa la memorización de las Escrituras para apagar las «flechas encendidas del maligno» (Efesios 6:16). Lleva cautivos todos los malos pensamientos (2 Corintios 10:5).
- Ayuda al niño a aprender a reconocer la tentación, manejar la ansiedad, etc. mediante un creciente sentido de conciencia de su propia vida interior y sus pensamientos.

Afuera: Hacer lo que Jesús hizo

- Responde y aprueba los instintos por ofrecer compasión y misericordia, aunque aquello represente un esfuerzo económico, nos haga sentir incómodos, etc.
- Involucra al niño en la toma de decisiones cuando lo consideres apropiado.
- Ora por las catástrofes, las tragedias y las noticias destacadas. Considera la posibilidad de hacerlo en familia.
- Invita a la iglesia a amigos de la escuela que no conozcan a Jesús. «¿Cómo crees que tus amigos que no conocen a Jesús podrían oír hablar de Él? ¿Se te ocurre alguna idea?».
- Pídele al niño que piense en alguien por quien interceder a la hora de acostarse —cualquiera que le venga a la mente— y que se lo diga a esa persona la próxima vez que se comunique con ella.

Con: Seguir juntos a Jesús

- Identifica intencionadamente a los «cinco» de tu hijo: cinco adultos que conocen a Jesús y que participan intencionadamente en la vida de tu hijo.

- Busca experiencias como el PTBS, el Estudio Bíblico de Papi, o ambas.
- Involucra a los niños en funciones del servicio de culto corporativo en la iglesia (servir la Santa Cena, saludar, preparar, etc.).
- Comparte las peticiones de oración diarias durante el desayuno con la familia. «¿En qué necesitas hoy la ayuda de Jesús?». Todos responden. Oren juntos. Después, compartan novedades durante la cena y oren dando gracias.
- Comparte acerca de tu propia relación con Jesús, tu crecimiento personal y aprendizaje, incluso lo que *tú mismo* aprendiste hoy en la iglesia (en lugar de ser el único que pregunta acerca de lo que ellos aprendieron).
- Planifica o participa en eventos de padre e hijo o madre e hija.
- Da inicio a paseos y charlas en solitario.
- Ten un tiempo de devocional a la hora de cenar, una Cacería de Dios o una oración de examen.
- Participa en un campamento familiar, envía al niño a un campamento de verano cristiano de confianza, o ambas cosas.
- Ayuda al niño a participar en el coro de la iglesia, el equipo de baile o el equipo de teatro.

PREGUNTAS PARA REFLEXIONAR

1. Dedica unos minutos a pensar en alguno de tus hijos que se encuentre actualmente en esta etapa. Reconoce y dale gracias a Dios por la fe que ves que está creciendo y desarrollándose en ellos. ¿Qué es lo que más valoras de su relación con Dios?

2. ¿Qué es lo que más te gusta de esta etapa? ¿Qué es lo que más te gusta de esta etapa como padre o madre en tu papel

de criar a tu hijo? ¿Qué cosas de esta etapa pueden hacer que el discipulado sea agradable o divertido?
3. ¿Cuáles son los retos de esta etapa? ¿Cuáles son los aspectos que menos te gustan de la crianza de los hijos en esta etapa? ¿Qué aspectos de esta etapa pueden hacer más difícil el discipulado?
4. Cada una de las etapas de Westerhoff está presente en la fe propia y en la edad adulta. Tómate un momento para evaluar cómo la fe por vínculos ha conformado tu propio camino espiritual: ¿Hasta qué punto es fuerte tu sentido de pertenencia a una comunidad de fe? ¿Quiénes son tus amigos espirituales más cercanos? ¿Cómo te ha hablado Dios a través de su pueblo?
5. ¿Qué nueva práctica te gustaría intentar con tu hijo que está en la etapa de la fe por vínculos?

Para líderes y pastores

1. ¿Cómo describirías el ministerio de tu iglesia para los niños en edad de la fe por vínculos? ¿Cómo fomenta tu iglesia la mentalidad de «creer al pertenecer»?
2. ¿De qué maneras estás apoyando a los padres de niños en esta etapa?

9

EDADES DE 12 A 18 AÑOS Y MÁS

Las etapas de la fe inquisitiva y la fe propia (o por favor, no te asustes)

> *La duda no es incompatible con la fe; es uno de los elementos esenciales de la fe.*
> **PAUL TILLICH, *DYNAMICS OF FAITH***

> *Para examinar la verdad es preciso, una vez al menos en la vida, poner en duda todas las cosas y hacerlo en tanto sea posible.*
> **RENÉ DESCARTES, *PRINCIPIOS DE LA FILOSOFÍA***

> *Me buscarán y me encontrarán cuando me busquen de todo corazón.*
> **JEREMÍAS 29:13**

EN TRECE AÑOS DE MINISTERIO EN EL CAMPUS, no puedo contar la cantidad de veces que me rompió el corazón un estudiante entusiasmado de primer año que se inscribió en InterVarsity en la feria de clubes, me contó todo sobre su grupo de jóvenes de la escuela secundaria, y rápidamente nos abandonó dos o tres semanas después. Esto ocurría una y otra vez. A veces me encontraba con ellos los jueves por la noche después de las reuniones de compañerismo, caminando de regreso a sus dormitorios, absortos por algo en su teléfono (de tal manera que no había espacio para el contacto visual). Estos son el 50 %, es decir, los chicos dedicados del grupo de jóvenes que prosperaron en la etapa de la fe por vínculos, pero que ahora están batallando al seguir a Jesús como jóvenes adultos. ¿Por qué? Bueno, es muy posible que se saltaran la etapa de la fe inquisitiva por completo. Las etapas de Westerhoff nos ayudan a identificar otro giro equivocado en respuesta a la pregunta «¿Cómo hemos llegado hasta aquí?» del capítulo uno: cómo la iglesia ha tratado a menudo la duda y el cuestionamiento. Para explicar esto, en este capítulo examinaremos las etapas de la fe inquisitiva y de la fe propia de forma paralela.

FE INQUISITIVA: DE DOCE A DIECIOCHO AÑOS

Cuando tenía trece años, en medio de los preparativos para un viaje familiar épico de dos meses de un lado al otro del país, mi padre cambió su bonito Hyundai azul con techo solar por una gigantesca furgoneta amarillo mostaza para doce pasajeros. Era lo suficientemente fea y vergonzosa por sí misma, en toda su amarillenta gloria y sus caballos de fuerza alimentados por diésel. Pero entonces, esa primavera, papá decidió convertirla en una valla publicitaria rodante para los servicios de Pascua en la iglesia de la que era pastor. Compró unos rotuladores para cristal y procedió a cubrir las ventanas con lo siguiente:

Izquierda: CRISTO HA MUERTO *imagen de tres cruces*.

Atrás: CRISTO HA RESUCITADO *imagen de una tumba vacía*.

Derecha: CRISTO VOLVERÁ *imagen de Jesús descendiendo de las nubes*.

Como ya habrás notado, muchos de mis hábitos de discipulado se basan en los de mis propios padres. Pero si tu objetivo es construir un sentido de confianza y seguridad con tus hijos en edad de la fe inquisitiva (especialmente si eres tú quien los conduce a la escuela secundaria todas las mañanas), esta no es una estrategia que voy a recomendar.

Para los alumnos de secundaria y bachillerato, el principal modo de participación en los temas espirituales es el cuestionamiento. En esta etapa, el niño pasa de una comprensión comunitaria de la fe a una comprensión personal. Y el proceso de cuestionamiento es un prerrequisito esencial para el descubrimiento independiente, la creencia interiorizada y la toma de decisiones propias de la madurez.

Mis amigos Julian y Sera describen cómo han visto esta etapa de la fe inquisitiva desarrollarse de forma diferente en cada una de sus hijas, en función de sus personalidades:

Nuestra hija mayor, de dieciocho años, se cuestiona las relaciones y los vínculos: cuestiones sobre sexualidad, raza, etnia y lo que constituye una buena relación humana. Y estas cuestiones convergen con su fe, porque en la secundaria es más difícil hablar de fe que de sexo. Pero nuestra hija menor, de dieciséis años, está mucho más interesada en la razón y la moral. Se interesa legítimamente por la filosofía moral, la biología, la física: por qué el mundo funciona como funciona. Se hace preguntas como: ¿Podemos confiar en la Biblia como documento fuente? ¿Qué pasa con otras tradiciones religiosas? Así que, debido a sus intereses, ha experimentado la etapa de la fe inquisitiva de una manera más apologética clásica. Pero a su hermana mayor eso no le importa.[1]

Si estás empezando a sudar solo con leer estas palabras, no estás solo. Esta suele ser una etapa preocupante para los padres. Es importante recordar que, si bien el cuestionamiento *puede* provocar una pérdida de fe, cerrarse por completo o saltarse este cuestionamiento también puede provocar una pérdida de fe. El cuestionamiento es un paso esencial en el camino hacia la fe adulta, madura y propia. Nuestros hijos no pueden seguir a Jesús como adultos sin tomar una decisión informada e independiente. Así que, por difícil que sea ver a nuestros hijos cuestionar cosas que antes daban por sentado o hacer preguntas que no sabemos cómo responder, tendremos que guardarnos del miedo durante esta etapa.

Como mi hijo mayor acaba de entrar en la fase de la fe inquisitiva este año, le he preguntado a algunos amigos con hijos adolescentes cómo mantienen a raya su propia ansiedad durante la fase de la fe inquisitiva. Esto es lo que me dijeron un par de ellos:

Rick Jakubowski: Crecí en una cultura cristiana con un fuerte instinto de «defender la fe», pero he tenido esas conversaciones toda mi vida y sé adónde van. Cuando reflexiono sobre cómo mi esposa y yo hemos discipulado a nuestras hijas, confío en que ellas conocen las Escrituras, conocen la verdad, tienen la narrativa bíblica en su corazón. Y ahora, en esta etapa, están observando y probando cómo se ve esta fe encarnada, y cómo se practica: quieren ver que estas verdades están respaldadas. Así que hago todo lo que puedo por dejarlas procesar y evitar que se pongan a la defensiva. Dejo espacio para el misterio y para no tener todas las respuestas en todo momento. Honestamente, mientras se preparan para dejar nuestra casa e ir a la universidad, me recuerdo a mí mismo que pueden tener años en los que sean el hijo pródigo en el comedero de algún cerdo, pero el Padre sigue ahí. Confiamos y nos aferramos a Proverbios 22:6: «Instruye al niño en el camino correcto y aun en su vejez no lo abandonará».²

Jason Gaboury: No puedes dar lo que no tienes. Si quieres que tus hijos tengan una vida con Dios, tienes que tener una vida con Dios. Sé que suena muy simple, pero trato de cultivar una vida con Dios. Y en esa vida con Dios, tengo que poner nombre a mis miedos y ansiedades, y llevárselos al Señor.

Para mí, estas dos disciplinas espirituales son útiles para evitar la ansiedad: la práctica de la gratitud, es decir, enumerar todas las cosas por las que estoy agradecido, y combinado con eso, ampliar y tener perspectiva de toda mi vida espiritual y ser capaz de buscar la mano de Dios. Porque si Dios ha sido fiel en mi vida a través de todo eso, Dios será fiel en la vida de mis hijos.

Por último, una creencia fundamental que tengo es que no hay garantías en la vida cristiana. No hay garantías de que mis hijos vayan a seguir a Jesús. Realmente quiero que lo hagan, pero no hay garantías de que eso vaya a suceder. Y eso me libera de un sentido de responsabilidad por su vida: no todo depende de mí en ese sentido. Pero también me libera para decir: «Sí quiero esto». Entonces, quiero perseguirlo con ellos. Quiero buscar la vida con Dios con ellos.³

Te animo a oponer resistencia ante dos cosas concretas durante esta etapa. En primer lugar, rechaza responder críticamente a sus preguntas («*¿Por qué siquiera preguntarías eso?*», «*¿Quién te ha metido esa idea en la cabeza?*»), o con desprecio (ojos en blanco, suspiros pesados, etc.). Estas respuestas pueden asociar sentimientos de vergüenza a la experiencia de enfrentarse a preguntas que, por el contrario, podrían ser la clave para abrir la puerta a la fe adulta e independiente de tu hijo. Cuando respondemos de este modo, normalmente por miedo, los adolescentes comienzan a sentirse culpables o infieles por preguntar o incluso por pensar esas cosas. A menudo, simplemente deciden llevar sus preguntas a otra parte, donde los sabios del entorno poscristiano estarán encantados de proporcionarles un montón de respuestas satisfactorias (pero, en última instancia, perdidas).

Por otro lado, como Rick aludió con su instinto de «defender la fe», también te animo a resistirte a responder a las preguntas de los adolescentes demasiado rápido, con todo tipo de datos e información o cosas para leer. Esto puede ser algo que Dios utilice en su proceso, y algunos adolescentes pueden responder bien a esta estrategia; no obstante, darles un poco más de espacio para luchar con sus preguntas, y para interactuar directamente con Dios, a menudo dará mejores resultados.

Julian lo expresa así:

Sera y yo simplemente hemos intentado estar en la conversación con ellos. Queremos cultivar sus preguntas y su curiosidad, algo que empezamos a hacer mucho antes de la escuela secundaria. Queremos crear un espacio en el que, si tienen una pregunta —quizás esté articulada de forma diferente a como nosotros la habríamos formulado, o quizás algunas suposiciones sean diferentes a las nuestras—, no nos vamos a mostrar ansiosos por ello. En lugar de eso, queremos crear un espacio en el que podamos decir: «Es una pregunta muy buena. Vamos a pensar en ello juntos». Y tuvimos que trabajar para crear confianza en torno a eso, porque cuando los hijos están pasando a la etapa inquisitiva y tienes una fuerte perspectiva sobre la fe cristiana como padre y como figura de autoridad, naturalmente te ven como el guardián de esa caja. Suponen que sus preguntas no te parecerán bien. Así que a veces hay cosas que resolver, pero el objetivo es darles seguridad para que hagan preguntas.[4]

Volviendo al marco del momento de conexión con Dios, el momento en que un adolescente hace una pregunta profunda sobre su fe puede considerarse un momento de conexión con Dios. No hay duda de que, al salir de estas preguntas, el resultado será en parte haber conseguido una Creencia más clara; no obstante, apoyarse en el Encuentro y la Praxis con más fuerza en estos momentos es fundamental.

Lo que nuestros adolescentes piensan de Dios es crucial. Pero también lo es lo que sienten por Él. Cuando les damos información, perdemos la oportunidad de facilitar un encuentro relacional. Si tu hijo adolescente confía en ti lo suficiente como para compartir contigo sus preguntas y dudas, explora la posibilidad de animarle a expresarlas directamente delante de Dios. Dios no tiene miedo de sus preguntas, ni de las tuyas. Recuerda que, siempre que sea posible, el objetivo es pasar del papel de mediador al de facilitador. Por ejemplo, puedes hacer una pausa en la conversación para invitarles a que simplemente le digan a Dios que se sienten frustrados, confundidos o incluso, enfadados con Él. Incluso ese simple acto, y el permiso para compartir los sentimientos negativos con Dios, pueden ser útiles. También podrías animarles a escribir sus dudas o quejas en forma de carta escrita directamente a Dios. Ayudar a nuestros adolescentes en la etapa inquisitiva a involucrar sus corazones a través del Encuentro, así como sus mentes mientras luchan con lo que creen, es esencial en su transición a una relación independiente con Jesús.

En términos de fomentar la Praxis en medio del cuestionamiento, considera qué es lo que se encuentra en tu Círculo de Influencia durante esta etapa. Aunque este círculo es más pequeño ahora que cuando tenían tres años, no ha desaparecido del todo. Durante esta etapa, capacitamos a nuestros hijos y les proporcionamos las herramientas que necesitan para evaluar sin miedo, con seguridad y confianza, los valores y creencias heredados, de modo que puedan tomar decisiones de fe maduras. Tu Círculo de

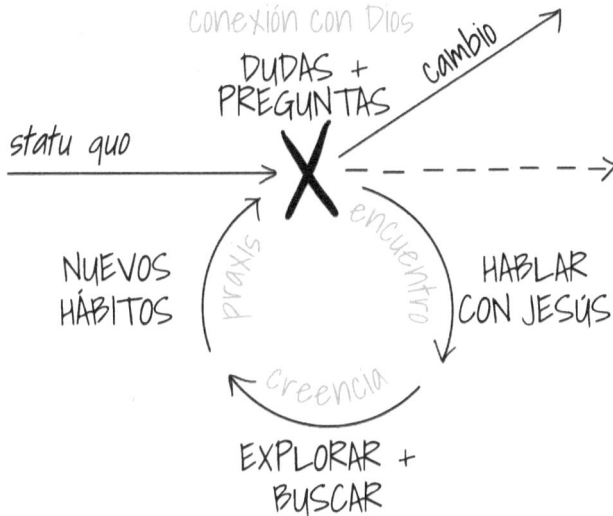

Influencia incluye apoyarte en la dirección «Con otros» a lo largo de esta etapa, e incluso involucrar directamente a los «cinco» de tu hijo para que lo apoyen y lo fortalezcan. Animar a tu hijo adolescente a vincularse y conectar con otros mentores adultos y modelos de conducta cristianos suele ser benéfico durante esta fase, al igual que fomentar las experiencias entre iguales, como los grupos de jóvenes, los retiros y las conferencias.

Cuando tenía aproximadamente 15 años pasé por una época relativamente corta pero intensa de cuestionamiento, no necesariamente de mi creencia en Dios, sino de la seriedad que quería darle a mi fe. Estaba experimentando una nueva independencia y autoexpresión (¡cabello morado! ¡ska! ¡la ropa de moda! ¡un nuevo novio! ¡amigos que podían conducir!) y mi asombro ante todo este nuevo mundo que se abría ante mí me dejó con muchas preguntas sobre cómo sería llevar mi fe a ese mundo. Para ser sincera, sentía que la fe podría frenarme a la hora de vivir nuevas experiencias que de pronto estaban a mi alcance.

Fue entonces cuando Mary entró en mi vida. Mary, una chica que anteriormente había trabajado para el ministerio Young Life y que se había mudado recientemente a la zona, empezó a asistir a nuestra iglesia. Era alta y rubia, con una risa contagiosa y un espíritu aventurero. Su hija, que tenía mi edad, llevaba un corte de pelo corto y formaba parte de un grupo de música *hardcore*; su hijo era un artista con el pelo enmarañado de color rosa que se recogía en una mini coleta en la parte superior de la cabeza. Me sentí instantánea y magnéticamente atraída por ellos.

Cuando Mary me preguntó si me gustaría hacer un estudio bíblico con ella, no pude negarme. Me pidió que reclutara a algunas amigas, y ese fue el comienzo de nuestro Estudio Bíblico para Chicas. Durante los años siguientes, nos reunimos todos los viernes a las 6 de la mañana para desayunar en una cafetería cercana a nuestra escuela. Mary nos escuchaba, nos amaba y nos guiaba a través de material devocional clásico. Podíamos contarle cualquier cosa. No se dejó intimidar por nuestras preguntas ni criticó nuestras dudas. Simplemente nos escuchaba y con confianza nos guiaba siempre de regreso a Jesús. Mary y sus hijos también nos introdujeron a nueva música cristiana y nos llevaron de viaje a festivales de música en los que nuestra unión creció aún más mientras acampábamos, bailábamos y nos quedábamos hablando hasta altas horas de la noche. En uno de estos festivales, mi mejor amiga —una chica de aquel mundo sobre el que no estaba segura de que pudiera llegar a converger con mi fe— entregó su vida a Jesús. Mary estaba en el centro de todo esto. Confiaba en ella y, lo que es más importante, me caía muy bien. A menudo he dicho que Mary es una de las razones por las que hoy todavía sigo a Jesús.

El papel de mis padres en esto fue permitirme acercarme a Mary, alguien a quien apenas conocían al principio, y darme su bendición para que explorara por mí misma y construyera una relación independiente con Jesús en la que ellos no estuvieran en el centro. Espero tener la sabiduría y el valor de hacer lo mismo con mis propios hijos.

GUIAR A TRAVÉS DE LAS CRISIS DE FE

Entonces, ¿qué haces cuando tu hijo se enfrenta a una crisis de fe legítima o te dice que ha tomado la decisión consciente de no seguir a Jesús? Me gustan tanto estas sugerencias, escritas por mi amigo Jason Gaboury, que voy a dejar que él se encargue de esta sección. Aquí están las sugerencias prácticas de Jason sobre qué hacer cuando alguien a quien amas tiene una crisis de fe:

1. Intenta hacer un ejercicio de oración imaginativa (por tu cuenta). Imagina que estás sentado en un lugar cómodo en presencia de Dios. Ahora imagina que alguien coloca diferentes «mantas de peso» sobre ti. Presta atención a cómo te sientes al estar cubierto con mantas de dolor, sospecha, disonancia, etc. Imagina que Dios levanta estas mantas una por una. Ahora... pídele a Dios que te llene de empatía por la manera en que tu ser querido se siente. Ora por una mezcla saludable de empatía, perspectiva, compasión y convicción.

2. Escucha las preguntas de tu ser querido de forma profunda, reflexiva y sin respuestas rápidas. Escucha de tal manera que tu ser querido se sienta visto, conocido, querido y valorado.

3. Afirma sus preguntas. La fe madura es el producto de la duda y la desilusión. Me gusta decirles algo como: «Me alegro mucho de que te hagas estas preguntas... me dice que tu capacidad de conocerte (y amarte) a ti mismo, al mundo e incluso a Dios es cada vez mayor».

4. Comprométete a acompañarlos en su camino. Aquí es donde muchos de nosotros nos equivocamos. Tenemos la tentación de intentar «arreglar» sus problemas, «responder» a sus preguntas y «resolver» sus tensiones. Esto implica no honrar los límites saludables de nuestro ser querido. Es su viaje, no el nuestro.

5. Comparte cómo has resuelto estas preguntas en tu propia vida. El testimonio que se relata en el Nuevo Testamento es confiado, así que nuestro testimonio también puede ser expresado con la misma confianza. (He visto a muchos amigos mostrar empatía de la manera más acertada, pero luego rehuir al momento de compartir con confianza y honestidad, temerosos de que hacerlo se interprete como «presión»). Si tu ser querido está compartiendo su crisis de fe contigo, quiere saber por qué tú tienes confianza. No te contengas a la hora de compartir. Si no te has hecho las mismas preguntas o no has luchado con las mismas dudas, busca a personas que sí lo hayan hecho y aprende qué les ha ayudado.

6. Ora con ellos y por ellos, según sea apropiado.

7. Practica la paciencia. No puedes apresurar la madurez física, emocional o espiritual. Puedes prestar atención a tu ser querido y ser una presencia activa a su lado mientras atraviesa estos períodos de crecimiento.

8. Cultiva la alegría y el gozo. La alegría es indispensable cuando caminamos junto a otros que buscan, indagan y dudan. No podemos fabricar la alegría, pero podemos pedírsela a Dios y esforzarnos por prestar un oído atento a su voz en nuestras vidas. (La alegría y el gozo aquí se refieren al fruto que viene de conocer y ser conocido por Dios, no a la presencia de felicidad ni a la ausencia de tristeza, sino a un estado de deleite y gratitud en la relación con Dios).[5]

Lo ideal sería que, a medida que los adolescentes avanzan en la etapa inquisitiva —incluso, potencialmente, a través de legítimas crisis de fe—, nuestro amor, apoyo y liderazgo sentarán las bases para que, con el tiempo, puedan experimentar una fe adulta propia. Veamos a continuación la etapa de la fe propia, con un énfasis particular en las transiciones que son críticas para alcanzar esta etapa.

FE PROPIA: ADULTO

Esta etapa implica el desarrollo, gradual o drástico, de una expresión de fe adulta, madura e independiente. Durante esta etapa, la fe del niño tiene la oportunidad de convertirse en el centro de su identidad adulta y de todos los aspectos de su vida. Ya no se trata solo de una fe heredada de la infancia o de la fe de la comunidad, sino de una fe que propia que el individuo abraza de forma independiente.

Los tres tipos de fe anteriores están presentes en la fe propia: nuestra experiencia personal con Dios y la participación en prácticas de la vida de fe siguen siendo importantes para nuestra comprensión de Dios. Nuestra fe por vínculos, es decir, la conexión con la iglesia y con otros creyentes sigue siendo esencial: ¡vivir a la manera de Jesús no es algo que el individuo pueda hacer solo! Y seguir llevando delante de Dios las preguntas nuevas y cada vez más complejas que surgen a lo largo de la edad adulta no solo es saludable, sino necesario para una relación honesta e íntima con Dios. Es posible que, en tu propio caminar con Jesús como adulto, hayas experimentado temporadas en las que los otros tipos de fe se activaron de una manera nueva. Por ejemplo, yo experimenté un resurgimiento de la fe inquisitiva a los treinta y tantos años, cuando sufrí un aborto espontáneo traumático. Perdimos a Lily a las doce semanas, cuando Noah tenía dos años y medio, y luché y luché con Dios para llegar a una teología del sufrimiento mejor que la que tenía antes de esa experiencia.[6]

Según Westerhoff, la mayoría de la gente nunca alcanza por completo la etapa de desarrollo en que uno se apropia completamente de la fe. De hecho, sostiene que el desarrollo de la fe de la mayoría de los niños nunca pasa de la etapa de la fe por vínculos.

Algunas de las razones son las siguientes. En primer lugar, muchos planes de estudio de la escuela dominical comercializados en masa hacen hincapié en la Creencia (pensamiento correcto sobre Dios) y en un tipo reduccionista de Praxis (buena actividad y comportamiento) a expensas del Encuentro, es decir, la interacción directa con Dios. Desde que entran en la escuela dominical, los niños aprenden a ver la «fe» como sinónimo de ir o pertenecer a una iglesia, y de comportarse de una determinada manera «cristiana», en lugar de pertenecerle a Jesús a través de una relación de amor y de confianza. El concepto de pertenencia a la iglesia es un elemento importante de la etapa de la fe por vínculos, pero no es adecuado para sostener la transición en y a través de la etapa de la fe inquisitiva. Si no ocurre en algún momento un cambio en el que el niño se apropie de la fe que ha heredado (cosa que se ve fuertemente influenciada por un Encuentro interpersonal y por tener una interacción profunda y verdadera con Jesús), el niño no puede progresar más allá de la etapa de la fe por vínculos.

En segundo lugar, la etapa de la fe inquisitiva a menudo aterroriza a los padres y a las iglesias porque se sienten tentados a considerar las preguntas y las dudas como una *amenaza* para la fe adulta, en lugar de como un requisito previo para ella. Hay pocos procesos o sistemas de apoyo integrados en los programas típicos para jóvenes que fomenten y faciliten la etapa inquisitiva como una etapa espiritual legítima, digna de atención, e incluso de celebración. La mayoría de los programas formales para adolescentes siguen fomentando una mentalidad de fe por vínculos.

Esto, en parte, explica por qué el 50 % de los estudiantes de secundaria que participan activamente en sus iglesias durante los años de la educación secundaria se alejan de su fe *después* de graduarse. En muchos casos, la graduación marca el momento en el que muchos jóvenes adultos abandonan el proverbial «nido». Cuando esto sucede, como consecuencia también suelen alejarse de sus principales comunidades de fe: la familia y la iglesia local.

Si el discipulado del niño se ha truncado en la etapa de fe por vínculos, su expresión y experiencia de la fe seguirá estando íntimamente ligada a su comunidad de fe: «Creo porque creemos». La fe que no pasa de la etapa de la fe por vínculos a la etapa de la fe inquisitiva y a la etapa de la fe propia literalmente no puede sostenerse por sí misma aparte de la comunidad primaria de fe.

Esta es la razón por la que mi experiencia en la feria de clubes de InterVarsity —en la que los jóvenes de la iglesia se inscribían con entusiasmo y luego no volvían— era tan común. Hubo un tiempo en que bromeábamos diciendo que teníamos más probabilidades de retener a los no cristianos en nuestras asociaciones universitarias que a los jóvenes de la iglesia. Parece ser que la pieza faltante es ayudar a los adolescentes a hacer la transición de «creer por pertenecer» en sus primeros años de la adolescencia a una relación de amor con Jesús propia y elegida individualmente al final de sus años de adolescencia.

He aquí otras dos cosas que debemos tener en cuenta al ayudar a nuestros hijos a pasar de la etapa de la fe inquisitiva a una fe adulta propia.

INVITAR A LA TOMA DE DECISIONES

Cuando era más joven, a menudo me sentía «celosa» de amigos con experiencias de conversión dramáticas. Por ejemplo, la experiencia de fe de Greg fue diferente y mucho más interesante que la mía. Se crió en un hogar nominalmente luterano y asistía a la iglesia dos veces al año, en Navidad y Pascua. La espiritualidad no ocupaba un lugar central en su vida familiar y no tuvo una relación con Dios en su infancia. Sin embargo, cuando estaba en la escuela secundaria, ocurrieron dos cosas: en primer lugar, Greg intentó impresionar a Dave, un chico mayor al que admiraba, con historias de recientes travesuras de Halloween en las que había participado (con huevos y papel higiénico). Dave le dijo a Greg que se había convertido y ahora era cristiano, y que ya no le parecía bien arrojar huevos a las casas. Poco después, en un viaje de la banda, Greg entabló conversación con una guapa tubista llamada Danielle mientras miraban las estrellas. Le preguntó si creía que había algo ahí en el universo (es decir, si existían los extraterrestres). Ella respondió que sí, le habló de Jesús y lo invitó al grupo de jóvenes. Cuando Greg apareció, con la esperanza de pasar más tiempo con Danielle, ella rápidamente se lo pasó a Dave. El resto es historia. A finales de ese año, a la edad de dieciséis años, Greg le entregó su vida a Jesús y fue bautizado en una bañera de hidromasaje en el auditorio de la escuela secundaria donde su iglesia se reunía para el servicio de culto.

Mi historia fue diferente. Me bautizaron cuando era una bebé. No recuerdo ningún momento en el que no conociera o amara a Jesús, y no recuerdo ningún «momento de decisión» específico cuando era niña. Como en el modelo de Westerhoff, simplemente crecí en mi fe, añadiendo nuevos anillos de fe gradualmente a medida que maduraba en mi relación con Jesús. Cuando tenía dieciséis años, participé en la clase de confirmación de nuestra iglesia. Para los que habíamos sido bautizados cuando éramos bebés, se trataba de una experiencia opcional diseñada para ayudarnos a entender y sentir como propio nuestro bautismo con una declaración pública de fe en Jesús. Recuerdo haber aprendido sobre la historia de las denominaciones cristianas, sobre la sucesión apostólica y la importancia de que el obispo nos impusiera las manos como parte de este proceso. Recuerdo haber aprendido algunos conceptos teológicos útiles y haber escrito una declaración personal de fe. También recuerdo el traje con falda color lavanda que llevaba puesto para el servicio. No era reacia ni me resistí a esta experiencia en modo alguno —todo tenía sentido y me parecía bueno hacerlo—, pero no afectó mi corazón ni mis emociones de manera especial y no destaca significativamente en mi historia espiritual.

No obstante, lo que sí recuerdo fue un servicio de culto matutino un domingo en nuestra iglesia con un predicador invitado llamado Cal Fox. Yo tenía entonces catorce años. Acababa de conocer a Mary y a su familia, y estaba en medio de mi angustia por el nuevo novio, los nuevos amigos y por saber si realmente quería seguir a Jesús, que probablemente pondría freno a todo eso. El pastor Cal predicó sobre Juan 4, la mujer en el pozo. Habló de nuestra profunda sed espiritual y de todos nuestros intentos de satisfacerla que nos dejan vacíos. Habló de la profunda satisfacción que viene con el Agua Viva que Jesús ofrece. Y extendió una invitación, específicamente a las mujeres jóvenes presentes, para que se acercaran al altar y dijeran sí al regalo que Jesús ofrece de satisfacer y calmar nuestra sed. Antes de darme cuenta, mis pies me llevaban hacia el altar, donde me arrodillé y recibí la oración. A partir de ese momento, mi devoción a Jesús fue absoluta.

Lo que es similar en la historia de Greg y en la mía es el elemento de la voluntad, es decir, la decisión voluntaria e independiente de seguir a Jesús. Para aquellos que, como Greg, no crecieron con una relación con Jesús, este hito en el camino de la fe es esencial: Greg literalmente no habría podido comenzar a seguir a Jesús sin la decisión de hacer algo nuevo. Pero la toma de decisiones también es esencial en el camino de la fe para jóvenes que, como yo, han conocido a Jesús toda su vida.

En su libro *Beginning Well*, Gordon T. Smith habla de «siete hilos de conversión» —cuatro internos y tres externos— que se entrelazan cuando alguien llega a la fe. Uno de estos hilos es el de la volición o voluntad. Él dice lo siguiente:

> No hay conversión verdadera y duradera que no incorpore la voluntad. Un encuentro auténtico con Cristo Jesús, ya sea una visión mística o un descubrimiento significativo de la verdad, siempre nos conducirá a actuar en el mundo; a un deseo de vivir en la verdad y de servir a la verdad.[7]

Por ello, resulta fundamental ofrecer oportunidades para que los jóvenes tomen decisiones espirituales durante la adolescencia. En la iglesia, las invitaciones públicas a recibir oración, a decirle sí a Jesús ya sea por vez primera o de una manera nueva, a entregar nuevas partes de sus vidas delante de Dios, y las experiencias que ofrecen una verdadera opción de participación —como la invitación a bautizarse, si no lo han hecho antes— ayudan a involucrar la voluntad e impulsar al adolescente a nuevas profundidades de propiedad y agencia en su relación con Jesús. En el hogar, puedes extender invitaciones similares de forma intencional y verdaderamente abierta para ayudar a tu hijo a experimentar más de Jesús y su vida.

Los ritos de paso —como la confirmación que se practica en algunas denominaciones— también son útiles porque proporcionan una plataforma neutral desde la que los adolescentes tienen la libertad de tomar decisiones. En mi caso, la confirmación fue menos espiritual que la decisión espontánea que tomé a los catorce años. No obstante, es posible que, sin la decisión que tomé a los catorce años, ese rito de paso hubiera sido un espacio en el que hubiera tomado una decisión voluntaria al sopesar si quería hacer una declaración pública de fe.

Para los pastores, me gustaría ofrecer dos notas rápidas. En primer lugar, soy muy consciente de que muchos de nosotros batallamos con la idea de hacer un «llamado al altar» o de invitar a la gente a «pasar al frente». Yo también solía luchar con esa idea (¡a pesar de haber hecho un profundo compromiso con Jesús gracias a un llamado como ese!) hasta que empecé a extender esas invitaciones yo misma. Un par de años después de comenzar mi ministerio con InterVarsity, estábamos confundidos y desanimados porque no veíamos a más estudiantes llegar a la fe. A menudo le echábamos la culpa al «difícil terreno rocoso de Nueva Inglaterra», pero en algún momento de ese año empezamos a experimentar con invitar a los jóvenes a tomar decisiones públicas de fe. Nos preocupaba que fuera incómodo. Nos preocupaba que pudiera parecer emocionalmente manipulador. Nos preocupaba el riesgo de desanimar o alejar a los estudiantes. Pero lo que descubrimos fue que cuando les pedíamos a los alumnos que estaban dispuestos a decir sí a Jesús que levantaran la mano en sus asientos para recibir oración, lo hacían. Y esas decisiones eran permanentes. Para ayudar a los adolescentes, estudiantes universitarios y adultos de tu iglesia a abrazar una fe propia, este tipo de momentos públicos de toma de decisión pueden ser increíblemente útiles y, según mi experiencia, ofrecen muchos más beneficios potenciales que costos para tu ministerio en su conjunto.

En segundo lugar, en cuanto a las experiencias con los ritos de paso tales como la confirmación, ese concepto puede resultar desconocido si tu iglesia no practica el bautismo de niños. Pero diseñar algún tipo de experiencia espiritual o un rito de iniciación para adolescentes, esté o no relacionado con el bautismo o la confirmación, es algo que hay que considerar seriamente. Muchas de estas experiencias se centran en la Creencia, es decir, en el aprendizaje de teología, doctrina, historia de la iglesia, así como en la elaboración de una declaración personal de fe. Ahora estoy trabajando con mi iglesia para ayudar a diseñar una experiencia tipo confirmación que también incluya el Encuentro, es decir, queremos ayudar a nuestros adolescentes a experimentar el poder del Espíritu Santo y la Praxis al enviarlos a la ciudad para servir y participar en la misión de Dios. La confirmación puede ser un gigantesco momento de conexión con Dios para estos adolescentes, así que haríamos bien en asegurarnos de que su exploración de este momento sea completa.

INVÍTALOS A IR HACIA ARRIBA Y HACIA ADENTRO

De la misma manera que la escuela dominical no es suficiente para ayudar al niño más pequeño a aprender a andar por el camino de Jesús, el grupo de jóvenes no es suficiente para el adolescente. Aunque las experiencias Con otros son esenciales para la etapa de la fe inquisitiva, no son suficientes. A medida que el niño entra en la adolescencia, ayudarle a caminar hacia Arriba y hacia Adentro por su cuenta proporciona una base esencial para esa fe propia y adulta que queremos que abrace.

Para los adolescentes que están siguiendo a Jesús o que al menos están abiertos a hablar de su camino espiritual contigo, una de las mejores cosas que puedes hacer con ellos es sentarte e invitarles a participar en su propia planificación proactiva del discipulado. Ayúdales a establecer sus propios objetivos de crecimiento en cada dirección (Arriba, Adentro, Afuera y Con otros) y a elegir prácticas espirituales que puedan probar por su cuenta, tal vez una práctica para cada dirección. Esto asegurará un equilibrio entre las experiencias comunitarias que probablemente disfrutan y las experiencias individuales que realmente necesitan. Para el adolescente o niño que se resiste o que está luchando seriamente por querer seguir a Jesús, es posible que esto no sea posible, y yo te dirigiría de nuevo a los consejos de Jason Gaboury anteriormente en este capítulo.

En mis años de adolescencia, prácticas como llevar un diario de oración y el uso de guías devocionales diarias me resultaron útiles y las disfruté, pero mi práctica espiritual favorita en solitario fue una de mi propia creación. Tenía la costumbre de leer los Salmos y reescribir los que más tocaban mi corazón. Los escribía con letras grandes y gruesas, dejando espacio entre cada línea. Cuando terminaba de transcribir el texto, volvía atrás y escribía mi propia versión del salmo en letra más pequeña y más delicada entre cada línea, traduciendo los sentimientos del escritor a mis propias palabras. El resultado final era como una obra de arte y colgué muchas de ellas en mis paredes a lo largo de los años.

LLÉVATE ESTA IDEA: REESCRIBIR LOS SALMOS

Edades: Adolescentes y preadolescentes

Necesitarás:
- Libreta y bolígrafo
- Biblia

Instrucciones:
- Escribe un salmo en tu libreta, dejando un espacio amplio entre cada línea. Si no sabes por dónde empezar, algunos salmos que puedes considerar son los Salmos 1, 8, 23, 25, 27, 46, 48, 51, 91, 100, 131, 139.
- Entre las líneas del salmo, reescribe la oración del salmista con tus propias palabras. Considera la posibilidad de utilizar un color o estilo diferente para tus palabras.
- Lee tu salmo a Dios como una oración.

Incluso cuando hemos alcanzado la etapa de desarrollo de la fe propia, nunca superamos la fe por experiencias, la fe por vínculos y la fe inquisitiva. Por eso es fundamental que los padres sigamos atendiendo a cada uno de estos tipos de fe en nuestras propias vidas. Tenemos que seguir buscando experiencias que nos ayuden a sentirnos cerca y conectados con Dios, utilizando rutinas, rituales y hábitos para arraigarnos en algo más grande que nosotros mismos. Debemos buscar una comunidad espiritual: amistades espirituales, un culto regular y una comunidad genuina que nos haga sentir como en familia. Y tenemos que seguir siendo honestos con Dios y con nosotros mismos acerca de nuestras preguntas y nuestras emociones, y comprometernos a ser aprendices de por vida de Dios y sus propósitos. Guiar a nuestros hijos a través de estas etapas nos recuerda que nunca hemos terminado de crecer y que seguiremos experimentando nuevas facetas y profundidades en nuestra relación con Jesús.

Volvamos a la Matriz Gracia/Desafío. Especialmente si tienes adolescentes, pero incluso si no los tienes, tómate un momento para localizar dónde está tu corazón ahora mismo. ¿Desde qué cuadrante estás operando cuando hablamos de ayudar a nuestros adolescentes a pasar de la fe comunitaria o por vínculos de su infancia, a través de los caminos a veces difíciles de la etapa inquisitiva y el cuestionamiento, a una fe adulta que les pertenezca personalmente? ¿Cómo te sientes respecto a tu papel y al papel de Dios en este proceso? ¿Qué necesitas hoy de Dios? Tómate un momento y habla con Él aquí antes de seguir adelante.

BÚSQUEDA DE PRÁCTICAS PARA CADA ETAPA

Ten en cuenta que, dado que cada etapa trasciende e incluye las etapas anteriores, algunas prácticas de las etapas anteriores siguen siendo excelentes opciones.

Arriba: Estar con Jesús

- Fomenta la lectura de la Biblia y la lectura devocional. Conforme vayan creciendo, permíteles elegir una Biblia nueva. (Su vieja Biblia para niños puede parecerles «infantil»).
- Practica el estudio inductivo de la Biblia con un grupo de compañeros, adultos o ambos.
- Diseña para tu hijo su propio «tiempo especial con Dios». ¿En qué consistiría? ¿Música? ¿Arte? Identifica el «estilo» devocional del niño y permite que sea diferente al estilo de los padres.
- Escuchar música de alabanza y asistir a noches de alabanza.
- Practicar la *lectio divina* o la *visio divina*.

Adentro: Llegar a ser como Jesús

- Leer libros cristianos, incluidas autobiografías y otras historias.

- Experimentar reescribiendo un salmo.
- Practicar llevar un diario de oración.
- Practicar la oración de examen nocturno antes de acostarse –puede hacerse con uno de los padres o anotarse en un diario o libreta–.

Afuera: Hacer lo que Jesús hizo

- Asistir a viajes y proyectos misioneros (con o sin la familia).
- Dar el diezmo.
- Prestar servicio en la comunidad local a través del voluntariado regular.
- Ser mentor de niños más pequeños.
- Invitar a amigos a la iglesia.
- Iniciar conversaciones espirituales con amigos curiosos.

Con: Seguir juntos a Jesús

- Identificar relaciones significativas de tutoría con otros adultos: los «cinco».
- Buscar personas que sirvan de modelo significativo y que sean de cinco a diez años mayores.
- Participar en el grupo de jóvenes o buscar otros lugares seguros para hacer preguntas.
- Servir en la iglesia: enseñar en la escuela dominical, participar en el equipo de alabanza, en equipos de voluntarios, etc.
- Asistir a un campamento familiar, a un campamento de verano cristiano, o a ambos.
- Asistir a retiros de fin de semana.
- Practicar ritos de paso como el bautismo, la confirmación o celebraciones al alcanzar la mayoría de edad.

PREGUNTAS PARA REFLEXIONAR

1. Dedica unos minutos a pensar en alguno de tus hijos que se encuentre actualmente en esta etapa. Reconoce y da gracias a Dios por la fe que ves crecer y desarrollarse en ellos. ¿Qué es lo que más aprecias de su relación con Dios?
2. ¿Qué es lo que más te gusta de esta etapa? ¿Qué es lo que más te gusta de esta etapa como padre o madre? ¿Qué cosas de esta etapa pueden hacer que el discipulado sea agradable o divertido?
3. ¿Cuáles son los desafíos de esta etapa? ¿Cuáles son los aspectos que menos te gustan de la crianza de los hijos en esta etapa? ¿Qué aspectos de esta etapa pueden dificultar el discipulado?
4. Cada una de las etapas de Westerhoff está presente en la fe adulta y propia. Tómate un momento para evaluar cómo la etapa de la fe inquisitiva ha dado forma a tu propio camino espiritual: ¿Con qué cuestiones espirituales has estado luchando en esta etapa de la vida? En estos momentos, ¿en qué creencias necesitas claridad personalmente?
5. ¿Qué práctica nueva te gustaría probar con tu hijo en edad de la fe inquisitiva?

Para líderes y pastores

1. ¿Cómo describirías el ministerio de tu iglesia para los niños y adolescentes en edad de la fe inquisitiva? ¿Cómo fomenta tu iglesia la mentalidad de «creer al cuestionar»?
2. ¿Cómo apoya tu iglesia a los padres de niños en edad de la fe inquisitiva?

10
CÓMO UTILIZAR LA 'PRIMERA GUÍA DE RUTA'
(o más sobre mi historia de amor con mi GPS)

> *Dentro de veinte años estarás más decepcionado por las cosas que no hiciste que por las que hiciste. Así que suelta las amarras. Navega lejos del puerto seguro. Atrapa los vientos alisios en tus velas. Explora. Sueña. Descubre.*
>
> **SARAH FRANCES BROWN EN H. JACKSON BROWN JR.,** *P.D. TE AMO*

> *El primer paso para llegar a alguna parte es decidir que no vas a quedarte donde estás.*
>
> **CHAUNCEY DEPEW**

NO EXAGERO CUANDO DIGO que la invención del sistema de navegación personal cambió mi vida. No he conocido a mucha gente que sienta la misma admiración y respeto por su GPS que yo. Tan solo piensa en la manera en que este glorioso dispositivo te lleva del punto A al B: (1) le dices a qué lugar del mundo quieres ir; (2) localiza tu punto de partida utilizando satélites en el espacio exterior;

(3) evalúa todas las posibilidades que existen para llegar de aquí hasta allí; y (4) elige la mejor ruta y la recorre paso a paso. Brillante. Totalmente brillante.

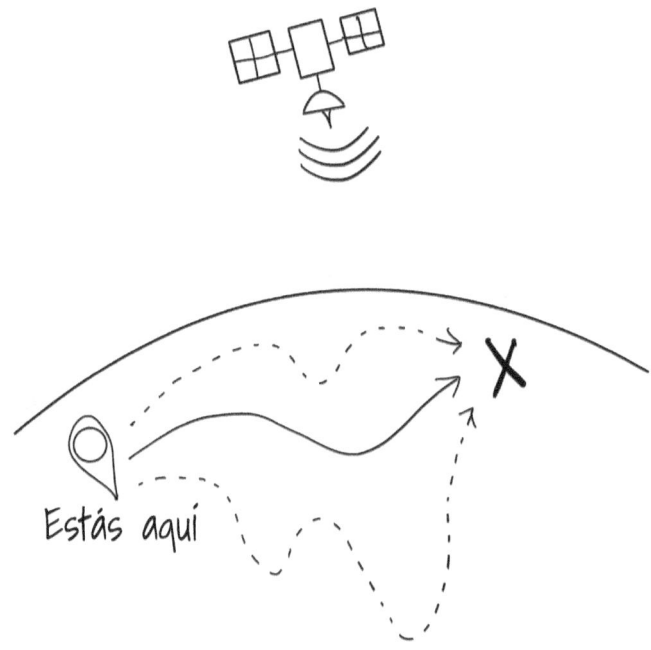

En los apéndices encontrarás dos versiones de la Primera Guía de Ruta, mi herramienta de referencia para la planificación de un discipulado proactivo. Puedes considerar esta herramienta como tu GPS para el discipulado. La primera versión está diseñada para el niño de manera individual, y la otra para la familia como un todo. En este capítulo te mostraré la guía individual y cómo sacarle el máximo provecho. En el próximo capítulo hablaremos de las prácticas que se pueden hacer juntos en familia, sin importar la edad y la etapa, y puedes utilizar la Guía de Ruta Familiar como una herramienta de planificación para esas prácticas.

Cada guía está dividida en cuatro secciones, una para cada una de las direcciones del discipulado: Arriba, Adentro, Afuera y Con.

Cada sección está diseñada para guiarte a través de un proceso sencillo para determinar qué prácticas podrían ser útiles para incorporar en los ritmos de discipulado de tu hijo. Te invito a que completes una guía para cada niño para que puedas adaptar las prácticas a sus necesidades específicas, etapa de fe, personalidad, etc. (Puedes descargar guías adicionales en www.ivpress.com/ensenen-bien-a-sus-hijos).

PRIMER PASO: SOÑAR

Si no sabes adónde vas, acabarás en otro sitio.

YOGI BERRA

El primer paso de este proceso, igual que cuando te subes al coche e ingresas una dirección en el GPS, es elegir un destino concreto: ¿Adónde quieres ir? Cada sección de la guía comienza con un sueño, una invitación a meditar en lo que hay en el corazón y en la imaginación de Dios para tu hijo a través de una serie de preguntas relacionadas con cada dirección del discipulado. Por ejemplo:

Arriba:

- ¿Qué te está diciendo Dios sobre tu hijo y lo que Él desea para él?
- ¿Cómo describirías lo que Dios sueña y desea sobre cómo podría ser su relación con tu hijo?
- ¿Qué es lo principal que quieres que tu hijo aprenda o sepa sobre Dios este año?

Este tipo de ejercicio de soñar en lo espiritual es diferente de cómo solemos imaginar el futuro de nuestros hijos. ¿Cuántas veces le pedimos a nuestros hijos que nos digan qué quieren ser de mayores? Actualmente, Silas quiere ser baterista profesional, y Noah quiere ser escritor o director de cine. Cuando yo tenía la edad de Noah, quería ser guardabosques.[1] Pero, ¿alguna vez les has preguntado *quiénes* quieren ser de mayores? ¿O alguna vez has dedicado tiempo a orar y soñar sobre esto? Si tienes hijas, ¿qué tipo de mujeres esperas que sean? Si tienes hijos varones, ¿qué clase de hombres? ¿Con qué valores esperas que vivan? ¿Qué tipo de imaginación espiritual te ha dado Dios para sus vidas?

Si este ejercicio te resulta difícil, te animo a que practiques el ejercicio de oración ignaciana descrito en el capítulo tres. Busca un lugar tranquilo, aquieta tu corazón y tu mente, y conversa con Jesús sobre tu hijo. Pregúntale qué ve en tu hijo, cuáles son sus esperanzas y sueños, a qué deberías prestar atención. Escucha su respuesta.

SEGUNDO PASO: EVALUAR LA REALIDAD

No se puede dejar fuera de
los cálculos a un dragón vivo,
si se vive cerca de uno.

GANDALF EN J. R. R. TOLKIEN, *EL HOBBIT*

No podemos trazar un rumbo sin primero saber desde dónde partimos. Así como los satélites GPS que orbitan alrededor del planeta trabajan su magia de triangulación para señalar tu ubicación exacta en un mapa, las preguntas de esta sección están diseñadas para ayudarte a tener una idea realista de dónde, exactamente, estás empezando tu camino. Factores como la edad, la etapa espiritual, el temperamento y la personalidad de tu hijo, así como la realidad de tu vida familiar, afectarán la ruta final que tomarás para alentar a tu hijo hacia el destino que soñaste con Dios. Para cada dirección, deberás reflexionar sobre las siguientes preguntas:

- ¿Qué te parece significativo en la etapa de fe de tu hijo a la hora de considerar esta dirección?

- Teniendo en cuenta los intereses y la personalidad del niño, las rutinas y los ritmos existentes, las circunstancias

actuales y las experiencias pasadas, las limitaciones externas y las relaciones contigo y con los demás,
- ¿Qué cosas tienes a tu favor que puedan ser relevantes?
- ¿A qué retos te enfrentas que puedan ser relevantes?

Saltarse este paso puede llevar a intentar prácticas que, por diversas razones, no funcionarán bien para tu hijo o para tu familia.

Recuerdo que hablé con los padres de un niño de dos años sobre sus dificultades para llevar a cabo su rutina de lectura de la Biblia antes de acostarse. Después de indagar un poco para saber más, se miraron y se rieron mientras explicaban: «Bueno, para ser sinceros, Jesse rompe todas las Biblias». Habían estado usando Biblias para adultos, con páginas delgadas de papel, para leerles a sus hijos. En su hermoso deseo de discipular a sus niños, habían elegido una práctica que no consideraba del todo la realidad de Jesse. Cuando exploramos un poco más su realidad específica, se dieron cuenta de que una cosa que tenían a su favor era que tanto Jesse como su hermana mayor amaban la música. Así que empezaron a experimentar con algún tiempo de adoración familiar a la hora de acostarse, que era mucho más agradable para todos. (También les sugerí que invirtieran en algunos libros de cartón con historias bíblicas).

En el caso de los niños mayores, ten en cuenta su temperamento espiritual a la hora de evaluar la realidad. No todos los niños se relacionan con Dios exactamente de la misma manera, al igual que no se relacionan con sus compañeros o con el mundo que los rodea exactamente de la misma manera. El modelo en la siguiente página me ha resultado útil para comprender mejor a mis propios hijos.[2]

El eje Y es un clásico dualismo mente/corazón y se refiere a cómo nos acercamos a Dios: ¿Nos acercamos a Dios principalmente con la mente o con el corazón? ¿Tendemos a pensar en Dios o a sentirlo?

Para determinar qué enfoque describe mejor a tu hijo, pregúntate si es más «racional» o «emocional» en general. Nosotros tenemos uno de cada uno. Noah siempre ha tendido a lo más racional. Es un escritor prolífico, lee almanaques y memoriza listas por placer, y tiende a hacer preguntas que incluyan hechos y datos sobre el mundo. Sucede lo mismo con su espiritualidad. Recientemente, en medio de un desafío de lectura de toda la Biblia, nos pidió que le explicáramos por qué las genealogías de Mateo y Lucas son diferentes. Silas, en cambio, es lo que se llamaría «puro corazón». Le fascinan las personas y las relaciones, no disfruta leer por placer y prefiere contarte una historia que escribirla. Lo mismo ocurre con su espiritualidad: Silas experimenta muchas más conexiones con Dios derivadas de emociones fuertes que de la curiosidad intelectual. También me dijo una vez que, de todas las cosas que hace bien, lo que mejor se le da es amar a Dios. (¡¿Quién dice eso?!)

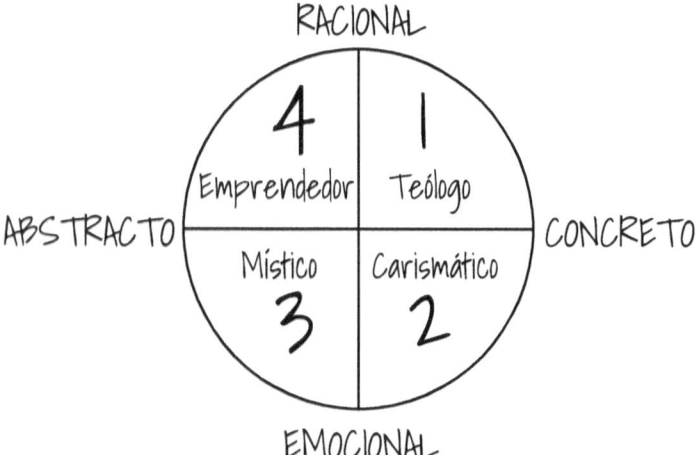

El eje X está diseñado para determinar cómo experimentamos la presencia de Dios: ¿Tendemos a experimentar a Dios como misterio (Espíritu) o a Dios como revelado (a través de Jesús, la Biblia, etc.)?

Este eje es más difícil de determinar para los niños, sobre todo para los pequeños, que son más concretos que abstractos por naturaleza. Pero a medida que crecen en madurez, pueden empezar a diferenciar. Noah se siente claramente atraído por lo concreto, por Dios revelado a través de las Escrituras. Cuando escucha la voz de Dios, tiende a experimentarla en palabras. Y pensamos que Silas puede sentirse más atraído por el misterio, por Dios como Espíritu. Silas dedica gran parte de su tiempo de oración a dar gracias a Dios por grandes cosas como el regalo de la vida o el hecho de que Dios se dé a sí mismo. Cuando escucha la voz de Dios, Silas casi siempre ve una imagen.

Si puedes situar de forma tentativa a tus propios hijos dentro de uno de estos tipos, sabiendo que puede cambiar y evolucionar a lo largo de los años, aquí tienes algunas reflexiones sobre cada tipo que pueden ser relevantes a la hora de evaluar tu realidad inicial:

Tipo 1: Teólogo
Espiritualidad racional

Postura principal: «Dios se revela y yo busco comprenderlo».

Prácticas preferidas: Lectura, estudio de las Escrituras

Dirección preferida: Arriba

Estos niños, como Noah, quieren involucrar sus mentes en su caminar con Jesús. Alimenta su hambre de entender a Dios con prácticas como el estudio de la Biblia, la lectura y la memorización de las Escrituras.

Tipo 2: Carismático
Espiritualidad del corazón

Postura principal: «Dios se revela y busco sentirlo a través de mis emociones».

Prácticas preferidas: Adoración, grupos pequeños

Dirección preferida: Con

Estos niños quieren involucrar sus emociones en su caminar con Jesús. Alimenta su deseo de conexión emocional con prácticas como la adoración musical, la danza y el placer de experimentar a Dios en comunidad.

Tipo 3: Místico

Espiritualidad mística[3]

Postura principal: «Dios es un misterio, y busco sentirlo a través de mis emociones».

Prácticas preferidas: Silencio, naturaleza, oración imaginativa

Dirección preferida: Adentro

Es posible que estos niños, como Silas, expresen un profundo amor por Dios o hablen de Él de un modo que parece demasiado grandioso para personas tan pequeñas. Alimenta su deseo de conexión emocional con Dios mediante prácticas como la oración imaginativa o la contemplación de una hermosa puesta de sol.

Tipo 4: Emprendedor

Espiritualidad de justicia social/del reino

Postura principal: «Dios es un misterio, y yo busco comprenderlo».

Prácticas preferidas: Dar testimonio, dar, servir a los pobres

Dirección preferida: Afuera

Estos niños tienen un fuerte sentido del bien y del mal, así como una fuerte necesidad de actuar. Alimenta su deseo de ser las manos y los pies de Jesús permitiéndoles servir, ayudándoles a hablar de Jesús a sus amigos y dándoles oportunidades de ser generosos.

Con el tiempo, parte de la madurez —y de la utilidad de este modelo para los adultos— implica aprender a esforzarnos para comprometernos con Dios de forma holística, desde cada cuadrante. Mi madre solía decir que algunas prácticas espirituales serán como el postre (tus preferidas), y otras serán como las verduras (más difíciles de disfrutar, pero importantes para tu crecimiento). Sin embargo, cuando guiamos a nuestros hijos, sugiero seguir el camino de menor resistencia: permíteles comer el postre espiritual por el momento.

TERCER PASO: GENERAR IDEAS

La generación de ideas tiene que ver con la cantidad, no con la calidad. Multiplicar, no restar. La edición viene después. El objetivo de generar ideas es salir con cubos llenos de ideas, no con una sola idea preciosa posada en una almohada.

SAM HARRISON, *CREATIVE ZING!*

Una vez que el GPS conoce el destino deseado y el punto de partida, empieza a trazar opciones de ruta. ¿Tomamos la autopista? ¿La ruta con vista panorámica? ¿Hay algún cierre de carretera que debamos evitar? ¿Qué hay de los peajes? El GPS lo hace en un instante, escaneando la extensión entre el punto A y el punto B en busca de todas las opciones posibles.

Del mismo modo, durante el tercer paso de este proceso de planificación, estarás buscando hábitos y prácticas que mitiguen los desafíos, maximicen los puntos positivos y produzcan el fruto que anhelas ver en la vida de tu hijo. He aquí dos estrategias que han sido puestas a prueba y verificadas.

En primer lugar, ¡no trates de reinventar la rueda! Toma prestadas ideas de otros que las hayan probado antes que tú. Consulta a tus amigos que tienen hijos más grandes sobre lo que les ha funcionado bien en distintas edades y etapas, o bien, haz una lluvia de ideas con un grupo de amigos cuyos hijos tengan edades similares a los tuyos. Si la personalidad de tu hijo es muy parecida a la de otro niño que conoces, únete a sus padres para compartir ideas. Además, consulta las listas de ideas de los capítulos siete a nueve.

En segundo lugar, ¡sigue adelante y reinventa la rueda! Parte de la alegría y la diversión de este proceso es diseñar creativamente tus propias prácticas basándote en tus objetivos específicos y en lo que sabes de tu hijo. Mi amiga Lisa literalmente sueña con formas nuevas y creativas de compartir el Evangelio con sus hijos. Hace poco me habló de unas lecciones sobre el Espíritu Santo con globos y vasos descartables. No hay una lista «fija» de prácticas ni una manera «incorrecta» de hacerlo.

El objetivo es que se te ocurran muchas ideas —«cientos» puede ser un poco exagerado en este caso— antes de decidirte por una. Si eres de los que tienden a quedarse con la primera idea que se les ocurre, oblígate a ir más despacio y elige al menos dos o tres prácticas.

CUARTO PASO: COMPROMETERSE

El compromiso es el pegamento que te une a tus objetivos.

JILL KOENIG

El último paso es elegir una práctica y comprometerse con ella. De la misma manera en que el GPS traza con confianza una línea azul brillante en medio de numerosas posibilidades, tu papel es elegir una práctica única entre tus muchas opciones y aferrarte a ella. He aquí algunas consideraciones.

En primer lugar, piensa en tu círculo de influencia. Consulta tu Círculo de Influencia para ver si la práctica que has elegido encaja perfectamente dentro de él. Para los niños mayores, ten en cuenta que parte de este proceso queda fuera de tu Círculo de Influencia y dentro del de ellos. Por ejemplo, la idea «Haz que Juan se una al equipo de alabanza» podría ser una buena práctica para tu adolescente con talento musical pero probablemente no sea algo que puedas lograr sin la participación del adolescente. Por el contrario, «Invita a Juan a considerar unirse al equipo de alabanza» es probablemente la pieza dentro de tu Círculo de Influencia. De nuevo, si tus hijos no muestran resistencia a hacer el ejercicio, recomiendo mucho incluirlos en el proceso de planificación.

En segundo lugar, cuando digo «aférrate a ello», no me refiero a «para siempre». Quiero decir que lo hagas el tiempo suficiente para darle una oportunidad. Si realmente no funciona bien para ti o para tu hijo después de un esfuerzo de buena fe, déjalo y pasa a otra cosa.

En tercer lugar, considera la posibilidad de incorporar una nueva práctica a la vez. Si completas toda la guía, al final terminarás con cuatro prácticas específicas: una para cada dirección. Añade nuevas prácticas de una en una, y solo añade más cuando tanto tú como el niño estén preparados. Aprender cuatro prácticas nuevas de golpe puede resultar abrumador y desalentador.

UN EJEMPLO

Este es un ejemplo de cómo experimentamos este proceso en la vida real, utilizando la dirección Arriba con Silas, de siete años.

Medita en lo que hay en el corazón y en la imaginación de Dios para tu hijo.

- ¿Qué te está diciendo Dios sobre tu hijo y lo que Él desea para él?

Tengo la sensación de que Dios está encantado con Silas, e incluso a veces se divierte con él.

- ¿Cómo describirías lo que Dios sueña y desea sobre cómo podría ser su relación con tu hijo?

Creo que Dios quiere más del corazón de Silas, más de su atención, más de su amor y asombro.

Su relación con Dios sigue dependiendo en gran medida de nosotros. En esta próxima temporada, Dios invitará a Silas a conocerlo más profunda y personalmente. Además, la espiritualidad de Silas no es la misma que la de Noah. Dios quiere que Silas interactúe con Él por sí mismo.

- ¿Qué es lo principal que quieres que tu hijo aprenda o sepa sobre Dios este año?

Quiero que Silas quede totalmente cautivado por Dios este año, que conozca profundamente a Dios como amigo y que <u>quiera</u> estar en su presencia.

Evaluar la realidad
Considera la edad, la etapa y la personalidad de tu hijo, así como tus circunstancias familiares.

- ¿Qué te parece significativo en la etapa de fe de tu hijo a la hora de considerar la dirección Arriba?

Silas está pasando a la etapa de fe por vínculos. Será importante fomentar las relaciones con otros seguidores de Jesús aparte de nosotros. El Estudio Bíblico de Papi será muy importante. ¿Hay alguna manera de ayudarlo a vincularse espiritualmente con amigos de su edad? (¿Richard, Juni, Harper?) Deberíamos volver a contar con sus padrinos (Sarah y Shin) durante esta etapa.

- Teniendo en cuenta los intereses y la personalidad de tu hijo, las rutinas y ritmos existentes, las circunstancias actuales y las experiencias pasadas, las limitaciones externas y las relaciones contigo y con los demás,

- ¿qué cosas tienes a tu favor que puedan ser relevantes? Hemos identificado que las 7 de la noche es un horario que podríamos aprovechar al máximo: todos estamos en casa, nadie está en la cama, la mayor parte del tiempo estamos intentando sin éxito que todo el mundo esté listo para irse a la cama. Podríamos empezar la rutina de la «hora de acostarse» a las 7:30.

  Específico para Silas: realmente <u>ama</u> a Dios. Sus sentimientos hacia Jesús son positivos. Tiene una imaginación muy viva y le gusta la oración imaginativa. Le encanta estar con nosotros y hacer prácticas espirituales juntos.

- ¿A qué desafíos te enfrentas que puedan ser relevantes? A Silas le cuesta quedarse quieto, estar tranquilo, etc. cuando Noah está cerca. Es mucho más fácil alentarlo y conseguir toda su atención cuando estamos a solas con él. También nos resulta muy fácil «elevar» la conversación al nivel de Noah en lugar de adaptarla a Silas cuando están juntos. No queremos que se pasen por alto las necesidades e intereses de Silas.

Generar ideas
Nombra algunas prácticas, ejercicios y ritmos que puedan llevar a cabo de manera realista.

- ¿Cuáles son algunas prácticas que podrían ayudar a cultivar el fruto que anhelas ver este año?
  - Tiempo especial a solas con Dios (crear un espacio)
  - Llevar un diario de oración o dibujo

- Libro *Imaginative Prayer* de Jared Boyd (en inglés. Debemos leerlo juntos).
- ¿Cómo podrías maximizar algunas de las cosas que ya tienes a tu favor?
  - Las 7 de la noche: «Tiempo especial con Dios» juntos como familia. Sacar el máximo provecho de ese tiempo nos anima a todos a conectarnos con Dios de forma individual.
  - Un libro o plan de oración imaginativa atraería el corazón y la imaginación de Silas y su interés por hacer prácticas espirituales con nosotros en vez de hacerlo solo.
- ¿Cómo podrías minimizar algunos de los retos que estás experimentando?

Hacer los ejercicios del libro solo con Silas minimizará el factor Noah. Atraerá su corazón y su imaginación; coincidirá con sus preferencias personales en lugar de asumir que va a ser igual que su hermano.

Compromiso

Comprométete solo a cosas que estén dentro de tu Círculo de Influencia y que sean realistas para ti.

- ¿A qué estás dispuesto a comprometerte?
  - Tiempo especial con Dios de forma paralela para toda la familia todas las noches a las 7, de lunes a jueves, 15 minutos.
  - Silas y yo leeremos juntos un libro o plan sobre oración imaginativa.

ATRÉVETE A ARRIESGARTE

Cada sección de la guía incluye un segmento llamado «Mis objetivos de oración y formación». Este es un espacio para que reflexiones sobre lo que necesitarás para guiar a tu hijo a través de la práctica elegida. Es un espacio para comprometerte a orar por tu hijo y reflexionar sobre las formas en las que tu propio caminar con Jesús necesitará crecer para que puedas guiarlo con integridad. Si esto te provoca vergüenza, recuerda el cuadrante de la Libertad. Nuestro objetivo es la Libertad, la tierra de la Gracia y el Desafío, donde sabes que no todo recae sobre tus hombros, pero estás dispuesto a poner todo tu esfuerzo.

Te animo a revisar este proceso de planificación al menos una vez al año para cada niño, ¡es que cambian tan rápido! Pero un ritmo trimestral es ideal para mantenerlo en primer plano y permitir ajustes más oportunos. También es un buen momento para revisar tus propias metas de discipulado que este plan ha resaltado para ti mismo.

Por último, ten en cuenta que estas prácticas no deben ser una carga, sino una fuente de vida. La Comunidad Northumbria, una comunidad monástica con sede en Northumbria, Inglaterra, ofrece algunos consejos útiles sobre la adopción de una regla de vida. Una regla de vida (piensa en una *regla* como medida, no como ley) es un plan integral de discipulado que es muy similar al tipo de planes que estás creando para tus hijos. Esto es lo que tienen que decir:

> Una Regla funciona mejor cuando nos desafía. No puede ser tan fácil que no nos ponga a prueba, pero tampoco puede ser tan exigente que tengamos dificultades incluso para cumplir sus normas mínimas. De lo contrario, es probable que nos desanime y que, al final, frustre su propio propósito. Una regla de vida no existe para hacernos sentir bien o mal, sino para ayudar a nuestro crecimiento individual en la

madurez espiritual. Si te resulta difícil seguirla o se convierte en una carga o te provoca sentimientos de culpa, entonces abandónala: no es la indicada para ti.[4]

PREGUNTAS PARA REFLEXIONAR

1. ¿Qué tan bueno eres en la planificación? ¿Te encanta, la odias o te encuentras en un punto intermedio?
2. ¿Cómo te resulta soñar con Dios por y para tu hijo?
3. ¿Puedes situarte en uno de los cuatro tipos de temperamento espiritual? ¿Cómo lo relacionas con las prácticas que te atraen y las que te resultan difíciles? ¿Cómo podrías esforzarte para «comer más verduras»?
4. ¿Cómo describirías la personalidad y el temperamento de tu hijo?
5. ¿Hay algún objetivo de formación personal que ya esté aflorando en ti cuando piensas en lo que te exigirá guiar a tus hijos a través de este proceso?

Para líderes y pastores

1. ¿Cómo puedes apoyar y brindar herramientas a los padres para que piensen y planifiquen proactivamente el discipulado de sus hijos?
2. ¿Cuál es tu temperamento espiritual y cuál es el temperamento de tu iglesia? ¿Qué implicaciones tienen estas preferencias para tu liderazgo?

11

LLÉVATE ESTAS IDEAS
Prácticas compartidas en familia

*Eres un producto de tu entorno.
Así que elige el entorno que mejor te
desarrolle para llegar a tu objetivo. Analiza
tu vida en función de su entorno. Las cosas
que te rodean, ¿te ayudan a alcanzar
el éxito o te detienen?*

W. CLEMENT STONE

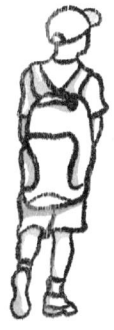

*Si la familia fuera un barco, sería una canoa
que no avanza a menos que todos remen.*

LETTY COTTIN

«LA CULTURA SE COME LAS ESTRATEGIAS EN EL DESAYUNO». Recuerdo perfectamente dónde estaba la primera vez que oí esta famosa frase.

Yo estaba asistiendo a un curso de capacitación para plantadores de iglesias, en preparación para unirme al equipo pastoral de nuestra iglesia, y mi amigo Shaun Marshall estaba pronunciando un poderoso mensaje sobre la importancia de crear una cultura saludable. Desde entonces, he reflexionado a menudo sobre las formas en que la cultura de una organización, para bien o para mal, puede moldear los valores, las actividades e incluso los resultados de la vida organizacional, a menudo sin que los dirigentes sean conscientes de ello o lo intenten.

Lo mismo ocurre con la vida familiar. Cuando hablamos de las estrategias y planes de discipulado que estás comenzando a formular, es importante que te detengas un momento y reflexiones sobre la cultura espiritual de tu familia, y si va a devorar tus mejores planes antes de las 9 de la mañana. ¿Es el ambiente espiritual de tu hogar propicio para ayudar a tus hijos a caminar con Jesús? He aquí una prueba tonta: si un extraterrestre visitara tu casa hoy, ¿observaría, por ejemplo, que el tejido de tu vida familiar está entretejido al frente y al revés con un compromiso colectivo con Jesús? ¿O simplemente notarían que tienes la costumbre de reunirte en un edificio religioso con amigos la mayoría de los domingos?

Cambiar la cultura de tu vida familiar puede parecer una tarea abrumadora, y es posible que estés dispuesto a tirar este libro por la ventana y rendirte. Si es así, respira hondo y considera lo siguiente: cambiar la cultura es a menudo tan sencillo como hacer uno o dos cambios muy pequeños pero intencionados. En su libro *Influencer: The Power to Change Anything*, Joseph Grenny dice que «los maestros de la influencia saben que solo hacen falta unos pocos comportamientos para crear grandes cambios en los resultados que les importan. Para ello, buscan atentamente una o dos acciones que creen una cascada de cambios».[1] Léelo de nuevo: buscamos una o dos acciones que creen una cascada de cambio. Esto es totalmente posible.

Llévate estas ideas

Si deseas aumentar la espiritualidad de tu cultura familiar, uno de los mejores «cambios en cascada» que puedes hacer es introducir una práctica espiritual compartida en tu rutina diaria o semanal en la que todos los miembros de la familia puedan participar juntos. Las prácticas y rutinas compartidas, ya sea el discipulado familiar o la satisfacción laboral en el lugar de trabajo, pueden tener un enorme impacto en esa poderosa pero a menudo invisible fuerza llamada cultura. Después de hacer un pequeño cambio para incorporar una práctica espiritual compartida a la hora de la cena, mi amiga Deb me dijo: «Ha cambiado nuestra familia para estar mucho más centrada en Dios durante toda la semana».[2]

Además de diseñar prácticas para cada niño en función de su edad, etapa y personalidad, superponer o implementar diferentes prácticas compartidas simultáneamente es un elemento importante del discipulado proactivo, que puede crear rápidamente esta «cascada de cambio» que estamos buscando. En este capítulo solo voy a describir algunas de las prácticas compartidas favoritas que he recopilado u observado a lo largo de los años, por lo que puedes pensar en todo este capítulo como una sección gigante de «Llévate esta idea».

SABBAT FAMILIAR

Esta práctica fue pensada por la familia Mook de Providence, Rhode Island: Andrew, Corrie y sus tres hijas: Harper (7), Rowan (4) y Keller (2).

Hace unos sábados, llamé a su puerta alrededor de las 10:00 a. m. y las niñas mayores me hicieron pasar. Cuando me senté a la mesa de la cocina, Harper me preguntó entusiasmada si quería un vaso de leche de almendras con chocolate. Dije que no, sin darme cuenta de lo que me ofrecían. Pronto me explicó el significado: «Señorita Sarah, solo tomamos leche con chocolate los sábados porque los sábados tenemos nuestro tiempo devocional. Le pedí que me explicara la relación y me contestó: "Porque las palabras de Jesús son dulces como la miel". Pero no quiero tomar leche con miel, así que tomamos leche con chocolate».

La leche con chocolate de los sábados por la mañana es un pilar del *sabbat* familiar de los Mook, que observan cada semana desde el viernes por la tarde hasta el sábado por la noche, una práctica de veinticuatro horas que se ha convertido en un ritmo esencial de su vida familiar.

El *sabbat* para los Mook comienza el viernes por la noche. Para asegurarse de que ambos adultos disfruten de un día completo de descanso, se han vuelto «legalistas» (esas son sus palabras, no las mías) de no hacer tareas domésticas los sábados. Los viernes por la tarde hacen una «limpieza tipo torbellino» para arreglar cualquier desorden, y luego todas las tareas restantes del fin de semana se añaden a la lista de tareas para el domingo por la tarde. Corrie señaló que no hay casi nada natural en que una familia joven quiera mantener un *sabbat* de veinticuatro horas, por lo que este trabajo de preparación militante es su manera de «luchar por ello». (Los Mook han elegido de viernes a sábado en parte porque Andrew es pastor y tiene compromisos relacionados con la iglesia los domingos. Si quieres llevarte esta práctica y te gustaría guardar un *sabbat* que vaya de sábado a domingo, podrías intentar terminar todas las tareas del fin de semana con antelación).

Para los Mook, la comida del viernes por la noche da comienzo al *sabbat* en serio, cuando comparten una pizza casera y guardan todos los teléfonos y otros dispositivos. Al principio de la comida, las niñas ayudan a encender cuatro velas. Cada vela representa un valor relacionado con el *sabbat*: descanso, reinicio, alegría y adoración. Mientras encienden las velas, cada miembro de la familia comparte cómo le gustaría llevar ese valor a la práctica durante las siguientes veinticuatro horas. Por ejemplo, ese sábado en particular, Rowan planeaba descansar «acostada y viendo un pequeño programa de televisión» en pijama, y Harper planeaba disfrutar un rato jugando *Candy Land*. Andrew explicó que el valor de «reinicio» es sobre todo para papá y mamá, y a menudo implica una salida creativa, o incluso hacer jardinería juntos si pasa la prueba que demuestra que «no es trabajo». El valor de la adoración casi siempre implica escuchar música de adoración durante todo el día de descanso y culminar el *sabbat* asistiendo juntos al culto de adoración el domingo.

Después de la cena del viernes y de que las niñas se vayan a la cama, la noche del viernes suele ser una noche que Andrew y Corrie pasan en casa, con la excepción ocasional de una noche con amigos cercanos. El sábado por la mañana comienza con ver programas de televisión en pijama mientras mamá y papá intentan dormir hasta tarde, seguidos de un desayuno con panqueques. Después del desayuno llega la hora del devocional, la sagrada tradición con la que me encontré al llegar esa mañana. Harper saca la leche de almendras con chocolate, y ella y Andrew se sientan a la mesa a leer sus Biblias y a hablar sobre lo que están aprendiendo. Harper me dijo que ese es el momento de su semana en el que se siente más cerca de Jesús.

Mientras están haciendo esto, Corrie y Rowan pueden estar leyendo una historia de la Biblia en el sofá y Keller anda por algún lado con una taza de juguete. (Para que no pienses que son niños unicornio míticos que siempre se portan bien y que esta escena parece sacada de una escena idílica de niñitos de porcelana, puedo atestiguar que la grabación de voz de nuestra conversación contiene también muchos quejidos y lloriqueos y cosas de niños normales. Son niñas completamente normales). Después del tiempo devocional, el resto del día lo pasan descansando, divirtiéndose, jugando, reiniciándose y adorando. Los teléfonos permanecen apagados (Harper, de siete años, tiene permiso para vigilar que esto se cumpla), y los compromisos sociales son limitados.

Al reflexionar sobre cómo esta práctica ha formado y ha dado fruto en la vida de su familia, Andrew y Corrie me contaron sobre lo mucho que las niñas esperan el sábado como su día favorito de la semana. Es verdad que les encanta la pizza y los panqueques, y también disfrutan gozar de la plena atención y presencia de sus padres, pero más que eso, Andrew siente que el sábado está formando a su familia de manera significativa:

> Estamos creando cultura. Queremos seguir a Jesús en un día de descanso, diversión y alegría, un momento que nos ayude a reiniciarnos para la semana que tenemos por delante. Queremos que nuestras hijas esperen el sábado con tanta ilusión como nosotros y que sientan su valor inherente. Intentamos enseñar con el ejemplo y recordarnos unos a otros de manera significativa y con propósito que nosotros no creamos al mundo y que seguirá avanzando sin nuestros esfuerzos. Nuestra familia simplemente cree que el sábado es fundamental para ayudarnos a seguir el ritmo de Jesús.[3]

Añadir un *sabbat* semanal es un cambio mucho más significativo que algunas de las prácticas de este capítulo, pero la recompensa es igualmente importante. Para los Mook, el *sabbat* se ha convertido en uno de los rituales más importantes, apreciados y determinantes de la cultura de su vida en familia. Cuesta trabajo —por eso Corrie habla de «luchar por ello»— pero uno lucha por lo que ama, y está claro que esto se ha convertido en una práctica muy querida para los cinco miembros de la familia Mook.

TEMAS DE CONVERSACIÓN PARA LA CENA

Una vez superados los años de sillas, asientos altos y el caos a la hora de cenar con niños muy pequeños, la mesa puede convertirse en uno de los mejores laboratorios de discipulado de todos los tiempos.

Este ha sido el caso de la familia Ondrasik de Providence, Rhode Island. Un año, para la Cuaresma, los cuarenta días que preceden a la Pascua, creé un recurso para que las familias de la iglesia Sanctuary Church lo utilizaran alrededor de la mesa. Este «Calendario de Cuaresma», similar a un calendario de Adviento, contenía cuarenta sobres, uno para cada día de Cuaresma, más siete sobres especiales para los domingos.[4] Dentro de cada sobre había una pequeña hoja de papel con tres cosas: una breve cita bíblica, una práctica sencilla y un tema de conversación. Las prácticas estaban diseñadas para ayudar a los niños a adentrarse en los temas de la Cuaresma: guardar un minuto de silencio, confesar los pecados en silencio y «buscar el maná», una práctica para identificar la provisión de Dios en nuestra vida cotidiana y dar gracias. Los temas de conversación incluían preguntas como «¿Qué sientes al saber que Dios cuida de ti?», «¿Por qué es difícil guardar silencio?» y «¿Qué tipo de cosas te preocupan?».

Deb y Nick empezaron a utilizar estas instrucciones justo al terminar de cenar y les encantó. Deb incluso agregó un pequeño dulce en cada sobre como incentivo. Tienen tres hijos de siete, cinco y tres años. El mayor padece un trastorno genético poco frecuente que ha afectado considerablemente su desarrollo, de modo que su edad de desarrollo es de aproximadamente un año. Así que, en palabras de Deb, «planifico estos momentos para un niño de cinco y otro de tres años, teniendo en cuenta que también tenemos un "bebé" presente que probablemente será ruidoso o causará interrupciones y retrasos». Se dieron cuenta de que a los niños les gustaba mucho esta práctica: estaban listos y ansiosos.

Lo esperaban con impaciencia cada noche. Deb y Nick vieron cómo su hijo menor, que tenía dos años cuando empezaron, pasó de «interrumpir constantemente el tiempo de oración» a «pedir siempre tener un turno para orar, enumerar a los miembros de su familia y dar gracias a Dios por ellos».[5]

Así que cuando terminó la Cuaresma, Deb puso manos a la obra y preparó su propio conjunto de instrucciones para la cena. Utilizando fichas de colores, eligió un pasaje de las Escrituras para cada día, continuó con las mismas prácticas que habían funcionado bien durante la Cuaresma y añadió sus propios temas de conversación. Por ejemplo, una de sus primeras fichas se veía más o menos así:

> Filipenses 4:4
>   Alégrense siempre en el Señor.
>   Insisto: ¡Alégrense!
> P: ¿Qué motivos tienes para alegrarte?
>   ¿Por qué cosas puedes dar gracias a Dios?
> Pon en práctica: Oración silenciosa a Dios.

El fruto que han observado de este sencillo cambio ha sido significativo: una verdadera «cascada de cambios» en la cultura espiritual de su familia. Deb dijo lo siguiente:

> Desde que iniciamos esta práctica, todos oramos más: los padres juntos e individualmente, con los niños a la hora de acostarse, en el trayecto en coche al colegio y a lo largo del día cuando surgen cosas. También hemos notado que nuestros hijos hablan mucho más de las «cosas de Dios». Gracias a esta práctica, nuestra familia ha pasado a estar mucho más centrada en Dios durante toda la semana. Y esto sucedió con muy poco esfuerzo. Debido a que fue construido en una rutina que ya teníamos en nuestra familia, ha sido fácil de seguir.[6]

Hubo dos cosas que hicieron que este pequeño cambio funcionara para los Ondrasik. En primer lugar, lo unieron a una rutina que ya funcionaba bien para su familia. Esta práctica, que algunos conocen como «apilar hábitos», es una forma probada de

Llévate estas ideas 201

aumentar la probabilidad de mantener un nuevo hábito: simplemente se une el hábito nuevo a otro que ya se domina. En segundo lugar, los Ondrasik se comprometieron a seguir esta nueva práctica durante los cuarenta días de Cuaresma, tiempo suficiente para que se convirtiera en algo normal para su familia.

LLEVAR UN DIARIO DE ORACIÓN EN FAMILIA

Esta práctica fue iniciada por la familia Atwood de Warren, Rhode Island. Cuando Lauren se casó con Matt a principios de año, se convirtió en una «madre adicional» de los dos hijos de Matt, Jude y Cora, de once y ocho años.

Después de asistir a un taller de Reglas de Vida para adultos, Matt le pidió a Lauren su opinión para diseñar una regla de vida para Jude y Cora. Ambos habían descubierto que llevar un diario de oración era una práctica útil en su propio caminar con Jesús, y Jude ya estaba familiarizado con ella. Cuando empezaron a establecer nuevos ritmos como familia ensamblada, decidieron dedicar un tiempo regular a llevar un diario de oración juntos. Los fines de semana que los niños están con ellos, después de un gran desayuno el sábado por la mañana, todos toman sus diarios y se reúnen en la sala. Matt pone música de alabanza y Lauren comienza a contar diez minutos en un cronómetro. Lauren compartió lo siguiente sobre esta práctica:

> Esperábamos que esta práctica ayudara a los niños a aprender a escuchar la voz de Dios mediante la práctica de momentos de reflexión en silencio. También queríamos incorporar una práctica que animara a los niños a compartir lo que sentían en sus corazones de forma honesta y directa con Dios, sin que nosotros escucháramos o fuéramos intermediarios. Cora suele decir: «¡Mira lo que escribí!», pero nosotros nunca se lo pedimos.
>
> A veces la niña de ocho años dice: «No sé qué más escribir», así que le sugiero: «Pregúntale a Dios qué quiere

¡Mira esa facilitación!

decirte. Y luego escucha». A veces, el niño de once años mira por la ventana durante los últimos tres o cinco minutos, pero Matt y yo insistimos en que mantenga ese espacio de silencio aunque haya «terminado».

Cada uno de los niños tiene su propia forma de llevar el diario. Cora dice que el propósito de este tiempo es «orar» y a menudo hace listas de personas en su vida por las que quiere orar, desde su mamá hasta los abuelos, pasando por su perro Rhody e incluso los árboles. Jude, por su parte, aprovecha el tiempo para «hablar con Dios sobre sentimientos», lo que me parece una de las cosas más sanas y maduras que puede hacer un niño de once años.[7]

Lauren es franca al decir que, a veces, la respuesta inicial de los niños al tiempo de escritura es: «¿*Tenemos* que hacerlo?».

Nosotros respondemos: «Hay cosas que hacemos juntos en familia porque son importantes para nosotros. Comemos juntos en familia. Y escribimos nuestros diarios juntos como una familia. A mí también me encanta jugar al aire libre, y eso lo haremos después. Ahora ve a buscar tu diario, por favor».

Para nosotros, se ha convertido simplemente en «lo que hacemos» los sábados que estamos en casa. Los niños pueden escribir en su diario o escuchar lo que quieran, pero tienen que sentarse en la sala con nosotros hasta que suene el cronómetro. Creo que ayuda que Matt y yo estemos con ellos. Llevamos el diario al mismo tiempo, juntos.[8]

Este es un hermoso ejemplo de cómo crear una cultura familiar, especialmente cuando se trata de una nueva familia ensamblada. Hay muchas otras maneras en las que Matt y Lauren podrían pasar sus preciosos sábados por la mañana con los niños. Pasar tiempo escuchando a Dios juntos es una manera intencional en la que están creando una cultura espiritual saludable en su hogar.

Para llevarte esta práctica, puedes utilizar las instrucciones del capítulo cinco y simplemente elegir un momento en el que todos, incluidos los adultos, puedan hacer la práctica juntos.

BENDICIÓN FAMILIAR

Cuando era niña, la cena del sábado por la noche era diferente de cualquier otra comida de la semana. Poníamos la mesa con vajilla y mantelería delicados, encendíamos velas y bajábamos la intensidad de las luces, y cenábamos mejor que en los días entre semana. Pero lo que hacía que la experiencia destacara era lo que sucedía después de la cena. Cuando todo el mundo terminaba, mamá y papá apartaban las sillas de la mesa y nos invitaban a sentarnos en su regazo, una niña con mamá y otra con papá, para una bendición de sábado por la noche. Incluso cuando éramos «demasiado grandes» para sentarnos cómodamente en los regazos, nunca renunciamos a esa parte; para Betsy y para mí, de alguna manera, era esencial para la práctica. Una vez acomodados en nuestros respectivos regazos, cada miembro de la familia pasaba unos minutos en el «asiento cálido» mientras los demás se turnaban para bendecirlos.

Mis padres iniciaron esta práctica convencidos de que hay demasiados niños —ellos mismos incluidos— que crecen sin oír palabras de bendición sobre ellos, especialmente por parte de sus padres. Bendecir a otro ser humano es una especie de arte y a menudo se confunde con alabar. Mientras que la alabanza es acerca de lo que haces, la bendición es acerca de lo que eres. La bendición es la imagen que el ser humano tiene de Dios. Dios pronuncia continuamente palabras de bendición sobre la humanidad, sobre todo cuando el Padre bendice a Jesús en su bautismo: «Tú eres mi Hijo amado; estoy muy complacido contigo» (Marcos 1:11). A veces, la falta de bendición en la infancia puede consistir en no oír nunca palabras amables de uno de los padres —o, en el caso de mi padre, en no escuchar nunca las palabras «te quiero»—, pero lo más frecuente es que se manifieste en una conexión aprendida entre los logros y las palabras de afirmación. Los padres suelen expresar orgullo y elogio por las cosas buenas o impresionantes que hacen sus hijos —lo cual es maravilloso, y ese tipo de ánimo es importante—, pero cuando el elogio no va acompañado también de palabras de vida acerca de quien el niño *es*, sobre su *ser* independientemente de cualquier cosa que haya hecho, la ausencia de palabras de bendición es similar.

Mira el siguiente cuadro, que destaca la diferencia entre alabanza y bendición. Lo que todas las frases de bendición tienen en común es que empiezan con «Tú eres...». La bendición habla de quién *es* el niño y nombra algo que es profundamente cierto sobre el propio niño, no solo sobre su comportamiento. No estoy diciendo que esté mal usar las frases de la izquierda y que debas eliminarlas de tu vocabulario cuando interactúes con tus hijos. En absoluto. Creo que el elogio es importante. Lo que digo es que prestes especial atención si no utilizas las frases de la derecha y que te esfuerces por añadirlas. En los márgenes, siéntete libre de añadir algunas frases de elogio que te encuentres diciendo a menudo, y piensa en cómo podrías incorporar también la bendición.

ALABANZA	BENDICIÓN
¡Buen trabajo con ese proyecto artístico!	Eres muy creativo.
Gracias por ofrecerte a ayudarme con los platos.	Eres muy considerado.
Gracias por compartirlo con tu hermano sin que te lo pidiera.	Tienes un corazón tan generoso.
Estoy muy orgulloso de que hayas sacado buenas notas.	Me encanta cómo funciona tu mente. Eres muy curioso y esa es una cualidad increíble.

Cada sábado cuando, alrededor de nuestra mesa, mi hermana y yo no solo escuchamos palabras semanales de bendición sobre nosotras, sino que también aprendimos a bendecir. No es fácil para los niños hacer cumplidos centrados en el *ser*. A Betsy y a mí a menudo nos costaba hacer el ejercicio y, cuando ya éramos adultas, mamá y papá se reían con nosotras al recordar la bendición que nos dábamos la una a la otra cuando no nos sentíamos especialmente inspiradas: «Dios, te doy gracias por Betsy, porque es muy simpática» (a veces acompañada de una ligera mirada de reojo). Puedes ayudar a tus hijos más pequeños a aprender a bendecir preguntándoles: «¿Qué es lo que más te gusta de tu hermano?». Con el tiempo, empezarán a entender la diferencia entre bendecir y alabar.

He aquí un par de modificaciones de esta práctica que podrías considerar llevarte. La familia Marshall señala que la bendición es una excelente tradición de cumpleaños en forma de brindis por la cumpleañera o el cumpleañero (imagino que esto podría hacerse con copas de lujo llenas de sidra espumosa y con muchos «¡Salud!» y chasquidos de vasos al final). Y mi amigo Matt da a cada uno de sus hijos una bendición diaria. Matt ha escrito para Jude y Cora una bendición específica que pronuncia sobre ellos durante el desayuno los días que están juntos, y ora por ellos los días que están en casa de su madre. Jude dice que lo que más le gusta de este ritual diario es que le recuerda que tanto Dios como su padre lo aman.[9]

La «cascada de cambios» que se produce aquí es algo que Betsy y yo seguimos sintiendo y de lo que nos seguimos beneficiando como adultos. Esta práctica semanal nos formó profundamente. Creo que nuestra profunda sensación de seguridad y garantía ante Dios —algo que compartimos y que a muchos de nuestros amigos les cuesta «sentir» aunque sepan que es cierto— proviene, en parte, de escuchar las bendiciones de nuestros padres semana tras semana y, por extensión, las de Dios.

EL DESAFÍO GORDON

Esta práctica fue iniciada por la familia Gordon de Mystic, Connecticut. Val y Geoff tienen tres adolescentes: Sadie (17), Tate (15) y Kai (13).[10]

Después de un año de asistir a la iglesia por Zoom durante la pandemia, los Gordon se dieron cuenta de que a sus hijos les costaba participar e involucrarse en la iglesia —si somos sinceros, ¿no nos costaba a todos?—, así que decidieron probar algunas prácticas en casa para captar el interés espiritual de los niños de una forma nueva. Durante una temporada hicieron un estudio bíblico inductivo, que a los niños les gustó pero que les recordó a sus clases de literatura. Más recientemente, se han centrado en una práctica que Val y Geoff diseñaron para estudiantes universitarios cuando formaban parte del personal de InterVarsity en la década de 1990. En aquel entonces se llamaba «Desafío IV», pero yo lo he rebautizado como «El Desafío Gordon».

La práctica es relativamente sencilla. Piden comida para llevar y toda la familia se reúne en el sala con sus Biblias. Leen juntos un pasaje de las Escrituras y lo comentan. El objetivo no es profundizar en cada coma del pasaje, como harían si estuvieran haciendo un estudio inductivo, sino descubrir con bastante rapidez cómo Dios podría estar invitándoles a aplicarlo a sus vidas. Tras el debate, Val y Geoff lanzan el desafío: algo sencillo, directo y concreto relacionado con el pasaje que todos se comprometen a hacer antes de la semana siguiente. Cuando se reúnen de nuevo, la primera parte del tiempo la dedican a compartir el desafío de la semana anterior.

Por ejemplo, la semana que hablé con ellos habían estudiado Mateo 6:1-4, que habla de las instrucciones de Jesús sobre no anunciar tus buenas obras «al son de trompeta» sino hacerlas en secreto. Hablaron de por qué Jesús habría hecho esta advertencia, y de la libertad que ofrece frente al manejo de la imagen personal y de la promoción de uno mismo. La primera parte del desafío consistía en hacer algo por alguien en secreto que esa persona pudiera llegar a notar, y luego volver la semana siguiente para hablar de cómo fue la experiencia. La segunda parte consistía en hacer algo de lo que probablemente nadie se daría cuenta, incluido el destinatario, y guardarse la experiencia para sí mismo.

Si lo pensamos en el marco «Encuentro, Creencia, Praxis» del capítulo cuatro, Val y Geoff están ayudando a sus hijos a inclinarse hacia la Praxis: leer la Biblia no solo para aprender o para ser alentados, sino para poner en práctica la Palabra de Dios. El Desafío Gordon es muy fácil de imitar porque Val y Geoff escribieron su plan de estudios. Puedes acceder una versión en inglés del Desafio Gordon en línea en el apéndice E del libro del que Val es coautora con Don Everts y Doug Schaupp titulado *Breaking the Huddle*.[11]

CONSTRUIR UN ALTAR

Esta es una práctica que hemos hecho con nuestros hijos en Día de Acción de Gracias, y a menudo la he utilizado también con adultos. Cuando Josué condujo a los israelitas fuera del desierto hacia la tierra prometida, Dios detuvo el flujo del río Jordán para que pudieran cruzarlo por tierra seca. Una vez que todos cruzaron, Josué le ordenó a doce hombres que regresaran a la mitad del Jordán para recoger doce piedras, una por cada tribu. Luego, «Josué colocó doce piedras en el cauce del río donde se detuvieron los sacerdotes que llevaban el arca del pacto. Esas piedras siguen allí hasta el día de hoy» (Josué 4:9).

Esas piedras eran del fondo del río Jordán. Si no fuera por el poder y la intervención de Dios, deberían haber estado bajo el agua, completamente inaccesibles. Su sola presencia en la orilla del río, apiladas en forma de monumento, era un testimonio del poder y la obra de Dios en la vida de los israelitas.

La construcción de un altar es una práctica que consiste esencialmente en dar gracias a Dios, pero la naturaleza táctil de apilar piedras puede ser especialmente útil para los niños. Además, la historia de Josué nos ayuda a dar gracias no solo por las cosas de las que nos alegramos, sino por las situaciones en las que la intervención de Dios ha marcado una diferencia significativa en nuestras vidas. Cuando construimos un altar, estamos dando crédito a Dios por cosas que solo Él podría haber hecho. Esta práctica nos ayuda a confiar en Dios para el futuro, a medida que vamos acumulando un historial de su fidelidad en el pasado. Ver crecer y crecer esa pila puede ser una experiencia que cambie nuestra cultura, especialmente si tú o tus hijos luchan contra la ansiedad como lo hacemos Noah y yo.

Edades: Todas

Necesitarás:

- Piedras: las piedras de río son perfectas para una experiencia única, mientras que los guijarros o las piedras pequeñas son mejores para una práctica repetida.
- Biblia
- Marcadores permanentes (opcional)

Instrucciones:

- Lee Josué 3:14-4:9. Explica la historia brevemente usando lenguaje e ideas que tus hijos puedan entender. Por ejemplo: «El pueblo construyó una gran pila con piedras traídas desde la mitad del río Jordán. Esas piedras debían estar bajo el agua, pero Dios detuvo el río para que los israelitas pudieran caminar sobre ellas. Cada vez que el pueblo veía ese montón de piedras —llamado altar— recordaba cómo Dios detuvo el río y daba gracias».

Para una experiencia única, como el Día de Acción de Gracias:

- Entrega a cada miembro de la familia unas cuantas piedras. Para la cena, puedes poner piedras en cada sitio de la mesa.
- Forma un círculo e invita a cada miembro de la familia a dar gracias a Dios por algo específico. Mientras lo hacen, pueden colocar una piedra en el centro de la mesa, haciendo una pila (un altar).

- Utiliza marcadores permanentes para etiquetar las piedras con agradecimientos (opcional).
- Finaliza la práctica en oración. Da gracias a Dios por su bondad, su poder y su provisión.

Para una práctica repetida, por ejemplo, durante el mes de noviembre:

- Mantén una pequeña cesta con guijarros o piedras pequeñas sobre la mesa.
- Cada noche, durante la cena, entrega una piedra a cada miembro de la familia.
- Mientras oras por la comida, invita a cada miembro de la familia a dar gracias por una cosa en particular, y a que después coloque su piedra en el centro de la mesa.
- Usa marcadores permanentes para etiquetar las piedras con estos agradecimientos (opcional).
- Deja que el altar crezca a lo largo del mes.
- En Día de Acción de Gracias, si escribieron en las piedras, lean cada agradecimiento en el altar y oren juntos dando gracias.

CAMINATA DE ORACIÓN

Orar caminando —la práctica de interceder mientras se camina por un espacio como un vecindario— es una práctica que puede ser útil para adultos como yo, cuya espiritualidad es más sensorial y concreta que intuitiva y abstracta. La oración durante una caminata se basa en los sentidos para recopilar datos para la oración: ¿Qué ves y oyes, o incluso qué hueles, y cómo te ayuda esto a orar? Por ejemplo, pasar por delante de una escuela puede impulsarte a orar por los niños, o escuchar una sirena puede incitarte a orar por los que están pasando por situaciones difíciles. Por esta razón, también puede ser una práctica eficaz para los niños pequeños, que son más sensibles y concretos por naturaleza. A menudo veo las caminatas de oración con los niños como un juego de búsqueda del tesoro:

- ¿Cuántas personas puedes contar? Ora por cada persona que veas.
- ¿Cuántos animales puedes encontrar? ¿Qué tipos de plantas y árboles ves? Da gracias a Dios por todas las cosas bellas que ha creado.
- ¿Cuántos hogares ves? Ora por las familias que ahí viven y por sus amistades.
- ¿Ves un parque? Ora por diversión para los que lo visiten.

La familia Marshall de Natick, Massachusetts, descubrió que la experiencia de orar caminando era una forma muy eficaz de involucrar a sus tres hijos pequeños Lukas, Holly y Benjamin —que en aquel momento tenían ocho, seis y cuatro años— en la práctica de la intercesión.

Ryan y Andrea forman parte de un grupo semanal de discipulado en su iglesia. Una semana, cuando estaban terminando, los líderes del grupo dijeron: «Veámonos la semana que viene a la misma hora, pero esta vez nos reuniremos en Nordstrom». Así que, la semana siguiente, Ryan y Andrea se presentaron con todo y niños en el centro comercial para reunirse con su grupo. Tras una breve reflexión sobre Juan 5:19-20, y la idea de que la misión de Jesús era simplemente hacer lo que veía hacer a su Padre, el grupo se dividió y se dirigió al centro comercial con estas instrucciones: buscar lo que Dios estaba haciendo en el centro comercial. Ryan explicó: «Orar caminando nos da la oportunidad de pedirle a Dios que nos muestre lo que ya está haciendo en los lugares a los que vamos regularmente».

Así que la familia Marshall empezó a caminar por el centro comercial, dejando que sus sentidos captaran todo lo que podían y simplemente observando a la gente que los rodeaba. Esto es lo que Ryan dice sobre la experiencia y el impacto que tuvo en sus hijos:

> Vimos gente que se divertía y reía; gente que la estaba pasando muy mal y estaban peleando; gente que miraba con sorpresa los precios en el centro comercial. Vimos gente comiendo, gente reuniéndose por primera vez, gente cuya relación era difícil de entender a simple vista... ¿son hermanos? ¿Primos? ¿Amantes? *¿Quién sabe?*
>
> Tras unos veinte minutos de caminar y orar por las personas a quienes vimos, nos reunimos con el grupo y compartimos. Fue una experiencia muy positiva, que mis hijos recuerdan y a veces piden repetir aun cuando han pasado años. También los ha motivado a orar por personas en entornos no tradicionales, como: «Papá, vi a alguien llorando mientras pasábamos en coche. Quiero orar por esa persona». Esta práctica ha ayudado a mis hijos a reaccionar espiritualmente y con empatía.[12]

Ryan, que es pastor, se ha dado cuenta de que pocos de los adolescentes con los que trabaja son capaces de explicar las formas en que sus familias interactúan espiritualmente entre sí. Señaló que orar caminando desde una edad temprana podría ayudar a normalizar las conversaciones espirituales dentro de la familia; en otras palabras, podría ser una de esas acciones que cambian la cultura y crean la «cascada» que estamos buscando. Además, orar caminando es un hábito relativamente fácil de apilar: si normalmente caminan a la escuela, a la parada del autobús, al parque o simplemente salen a caminar por el vecindario, considera la posibilidad de añadir una rutina de caminata de oración o una «búsqueda del tesoro» como forma de normalizar la intercesión y las conversaciones espirituales en la vida cotidiana.

Me emociona que te lleves alguna o todas estas ideas, porque son el tipo de pequeños hábitos que conducen rápidamente a una «cascada de cambio». Con solo un poco de intencionalidad, podemos empezar a cambiar la cultura espiritual de nuestra familia de tal manera que la propia cultura esté trabajando para nosotros a fin de ayudarnos a alcanzar nuestros objetivos de discipulado.

Una vez más, para que no pensemos que podemos producir este fruto por nosotros mismos, repito las palabras de Richard Foster: «Debemos recordar siempre que el camino no produce el cambio; solo nos coloca donde puede producirse el cambio». Sin embargo, a medida que recorramos estos caminos llenos de hábitos y rutinas, empezaremos a ver el fruto producido por el Espíritu en la vida de nuestros hijos. Las historias de este capítulo están llenas de ese fruto: la niña de siete años que expresa un sentimiento de cercanía con Jesús mientras toma su leche con chocolate; el niño de dos años que empieza a orar; el niño de once años que se dirige a la escuela seguro del amor de Dios y de su padre; dos hermanas adultas que comparten una seguridad inquebrantable sobre el amor de Dios; los tres adolescentes que ponen en práctica la Palabra de Dios cada semana; una madre y su hijo que sufren de ansiedad, pero que llevan un recuento visual de la fidelidad de Dios; y un niño de ocho años que demuestra un instinto automático para interceder por un niño que llora.

En el apéndice B, encontrarás la Guía de Ruta Familiar en blanco para ayudarte en tu proceso de planificación. ¿Qué fruto podría Dios hacer crecer en tus hijos y en ti mismo? ¿Qué «cascada de cambios» podrías experimentar debido a la simple elección de hacer que estas prácticas espirituales compartidas sean una prioridad en tu hogar?

PREGUNTAS PARA REFLEXIONAR

1. ¿Cómo describirías la cultura espiritual de tu familia? ¿Piensas que está trabajando a favor o en contra de las metas y planes de discipulado que has comenzado a identificar para tus hijos?
2. ¿En qué aspectos te gustaría que cambiara la cultura de tu familia? En una escala del uno al cinco, valora tu nivel de esperanza de que este cambio pueda producirse realmente, y habla con Jesús sobre el número que has elegido.
3. ¿Qué te parece la idea de buscar «cuidadosamente una o dos acciones que produzcan una cascada de cambios»? ¿Tienes una idea de qué acción o acciones podrían ser las más poderosas para tu familia en esta temporada?
4. ¿Hay alguna idea en este capítulo que quieras copiar? ¿O te ha inspirado a pensar en otras ideas propias? ¿Cuál es el siguiente paso que tendrías que dar para añadir una práctica espiritual compartida a tus ritmos familiares?

Para líderes y pastores

1. ¿Cómo describirías la cultura de tu iglesia? ¿De qué manera interactuará esa cultura con los planes y estrategias de tu iglesia para brindar herramientas a los padres? ¿De qué manera la cultura de tu iglesia te ayudará a cumplir tu propósito, y de qué manera podría contrarrestarlo?
2. ¿Cuáles son una o dos acciones que podrían crear una «cascada de cambio» en tu ministerio con los niños y las familias?

12

SEGUIMIENTO

(O lo que las ardillas bebé pueden enseñarnos sobre la intencionalidad)

La razón por la que a todo el mundo le gusta planificar es que nadie tiene que hacer nada.

JERRY BROWN

CUANDO TENÍA DIEZ AÑOS, encontré una ardilla bebé que se había caído de un árbol de nuestro jardín. Mis padres llamaron a control de animales para asegurarse de que no había peligro de rabia (no lo había), y mamá me llevó a la biblioteca a leer todo lo que pudiéramos encontrar sobre el cuidado de las ardillas (esto sucedió antes de que existiera Google). Le construí a Timmy Tiptoes una pequeña casita en un viejo acuario, lo cuidé hasta que se recuperó y lo mantuve como mascota durante un corto periodo de tiempo antes de que sucumbiera a sus heridas (y a mi falta de leche de ardilla —la pobre criatura no estaba diseñada para tomar leche de vaca—).

Siempre he sentido un profundo amor por la fauna silvestre y una especial debilidad por los animales heridos o indefensos. Algunos de los animales que he rescatado a lo largo de los años incluyen un murciélago que chocó con nuestra casa y quedó inconsciente (no hay que desestimar el peligro de rabia: no deje que sus hijos lo hagan), un cárabo norteamericano que voló al interior de un dormitorio universitario durante las vacaciones de primavera (y el personal de mantenimiento se negó a ayudarme), una tortuga mordedora herida varada en medio de la carretera (Greg la ayudó y casi pierde un dedo), un topillo rojo atascado en la ventana de un sótano, un ratón bebé que estaba a punto de ser atropellado por un coche en un supermercado, innumerables pájaros que han entrado volando por nuestro ventanal a lo largo de los años, uno que otro perro perdido y un loro domesticado muy confundido que se posó en nuestro tejado.

Después de pasar años como guardabosques rescatista por afición, hace poco decidí obtener la certificación oficial con el estado de Rhode Island como rehabilitadora de vida silvestre. Tomé una clase, estudié para un examen colosal, pasé dicho examen colosal, recibí mi certificación para rehabilitar mamíferos bebé en mi casa... pero luego, en un abrir y cerrar de ojos, olvidé firmar el papeleo para que me asignaran bebés para cuidarlos. Hubo algunas razones legítimas —incluida toda la situación de la pandemia de 2020—, pero al fin y al cabo, en pocas palabras no conseguí hacer realidad un sueño de treinta años que por fin estaba a mi alcance.

Imagino que, en lo que respecta al discipulado de tus hijos, tienes tanta pasión y buenas intenciones como yo cuando miraba con ojos nublados una presentación de diapositivas sobre técnicas adecuadas de alimentación y manejo de crías de zarigüeya. Aun así, incluso el más apasionado de nosotros puede tener dificultades al llevar a cabo sus mejores intenciones.

Entonces, ¿qué es lo que marca la diferencia? ¿Qué nos ayuda a pasar de la intención a la intencionalidad?

Una intención puede definirse como la combinación de una creencia y un deseo. Por ejemplo, después de obtener mi certificación, creía que la rehabilitación de la fauna salvaje era una actividad noble, hermosa, que incluso reflejaba a Cristo, y tenía un fuerte deseo de participar en ella. Tenía grandes intenciones. Del mismo modo, espero que tú *creas* (1) que eres la influencia más significativa en la vida espiritual de tu hijo, (2) que sin lugar a dudas puedes guiar a sus hijos y ayudarlos a seguir a Jesús, y (3) que hablar y practicar tu fe en casa es lo más significativo que puedes hacer. Y también espero que *desees* ver a tus hijos caminando con Jesús por el resto de sus vidas. Si todo lo anterior es verdad, al terminar esta lectura saldrás con muy buenas intenciones.

La intencionalidad, sin embargo, es una intención combinada con algunos componentes adicionales: autoconciencia, acción y apoyo.

COMPONENTE UNO: AUTOCONCIENCIA

Hay tres cosas que son extremadamente duras:
el acero, un diamante y conocerse a uno mismo.

BENJAMIN FRANKLIN,
POOR RICHARD IMPROVED

Las personas viajan para maravillarse ante la altura
de las montañas, las enormes olas del mar, los largos
cursos de los ríos, la inmensa vastedad del océano,
el movimiento circular de las estrellas; sin embargo,
se contemplan a sí mismos sin mostrar el menor asombro.

AUGUSTÍN DE HIPONA, *CONFESIONES*

Los científicos de ciencias sociales sostienen que una pieza clave de la intencionalidad es la capacidad de ser consciente de los pensamientos y acciones propios; esto es lo que produce la deliberación inherente a la intencionalidad. Dicho de otro modo, la conciencia de uno mismo es un elemento fundamental de la intencionalidad.

Hay innumerables aspectos de la autoconciencia que serán útiles en el camino del discipulado de tus hijos. Ya hemos hablado de varios de ellos: desde qué cuadrante de la Matriz Gracia/Desafío tiendes a operar, tu respuesta primaria a la cultura poscristiana, tu postura hacia las prácticas espirituales, tu propio sentido de intimidad con Jesús y más. Si revisas otra vez las preguntas de reflexión que aparecen al final de cada capítulo, encontrarás varias preguntas diseñadas para aumentar tu autoconciencia en este viaje.

Me gustaría presentarte un marco final para aumentar tu autoconciencia: la forma en que tu personalidad única afecta tu motivación a la hora de crear nuevos hábitos. En su libro sobre cómo crear y romper hábitos, *Better than Before*, Gretchen Rubin dice que «no todas las estrategias para formar hábitos funcionan de la misma manera para todo el mundo. Si nos conocemos a nosotros mismos, podremos conducirnos mejor».[1]

Rubin identifica lo que denomina las «Cuatro Tendencias» en relación con la formación de hábitos. Estas tendencias se basan en si nos resistimos o respondemos a dos tipos de expectativas: las expectativas internas (que nacen de nosotros mismos, como cumplir las metas o resoluciones de año nuevo) y las expectativas externas (que nacen en otros, como cumplir los plazos de trabajo). Utilizando el siguiente cuadro, ¿puedes identificar con qué Tendencia te identificas más?

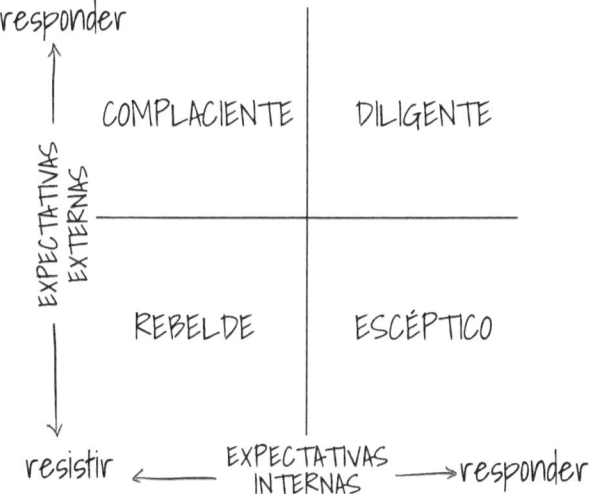

Rubin dice lo siguiente sobre las Cuatro Tendencias:

La Tendencia donde nos veamos posicionados tiene una gran influencia sobre la forma en que vemos el mundo y, por tanto, tiene enormes consecuencias para nuestros hábitos. Por supuesto, hablamos de tendencias, pero me he dado cuenta hasta el punto de sorprenderme, de que la mayoría de la gente coincide perfectamente en uno de los campos, y una vez que identifiqué las Tendencias, me entusiasmó oír a las personas de una Tendencia hacer el mismo tipo de comentarios una y otra vez. Por ejemplo, los Escépticos suelen comentar lo mucho que detestan hacer fila.[2]

En función del tipo que coincide contigo, las siguientes notas son algunas cosas que debes tener en cuenta cuando intentes pasar de las buenas intenciones a la intencionalidad en el discipulado de tus hijos.

El Diligente

- Responde a las expectativas internas y externas.
- Pregunta clave: «¿Qué hay en la agenda y en la lista de tareas para hoy?».[3]
- Presta atención al paso «Comprometerse» de tus planes. No te comprometas en exceso.

La formación de hábitos, aunque no es «fácil» para nadie, es más fácil para los diligentes. No obstante, tener demasiadas expectativas, o expectativas poco claras, pueden abrumar a los diligentes porque no están dispuestos a dejar caer ninguno de sus platos mientras giran. Cuando pienses en las rutinas y hábitos que quieres añadir a tu vida familiar, ¡no agregues demasiadas cosas! Comprométete a hacer una cosa a la vez y sé implacable con respecto a la sencillez y la claridad.

El Escéptico

- Cumple las expectativas internas, se resiste a las externas.
- Pregunta clave: «¿Qué hay que hacer hoy y por qué?».[4]
- Presta atención a la sección «Soñar» de tus planes. Responde a la pregunta del porqué.

En el fondo, los escépticos son pragmáticos. Rubin dice que los escépticos «responden a una expectativa solo si llegan a la conclusión de que tiene sentido. Y se resisten a hacer cualquier cosa que parezca carecer de un propósito sólido».[5] Si eres un escéptico, será esencial comprender el porqué de las prácticas que decidas añadir a tu vida familiar. Querrás prestar especial atención a las secciones «Soñar» de la «Primera Guía de Ruta» para que la justificación de cada práctica que elijas te resulte clara y convincente.

El Complaciente

- Se resiste a las expectativas internas, cumple las externas.
- Pregunta clave: «¿Qué debo hacer hoy?».[6]
- Presta atención al apoyo que necesitarás para llevar a cabo tus planes.

A los complacientes les cuesta establecer o cumplir sus expectativas internas, pero les encanta recibir motivación de parte de otros, especialmente mediante la rendición de cuentas. Necesitan un compañero para correr y les encantan los plazos. Si eres una persona complaciente, será fundamental que compartas tu viaje con los demás. Puedes encontrar a una persona con quien compartir tus experiencias con regularidad o un grupo con el que puedas procesarlas.

El Rebelde

- Se resiste a las expectativas internas y externas.
- Pregunta clave: «¿Qué quiero hacer hoy?».[7]
- Presta atención a dar lugar a la espontaneidad y la elección.

Si bien la formación de hábitos resulta un desafío para la mayoría de las personas, para los rebeldes lo es aún más. Los rebeldes son inconformistas que se resisten, o incluso se indignan, cuando se crean expectativas, etiquetas y limitaciones, aun cuando estas sean autoimpuestas. A los rebeldes les encanta la libertad, por lo que las rutinas y hábitos establecidos pueden parecerles limitantes y asfixiantes. Si eres una persona rebelde, la clave para ti será darte la libertad de ser creativo y dejar suficiente espacio para la espontaneidad en tus ritmos de discipulado. Tal vez necesites permitirte preguntar: «¿Cómo *quiero* discipular a mi hijo hoy?». Sin embargo, tendrás que ser honesto. Si la respuesta a esa pregunta se convierte sistemáticamente en «La verdad es que no quiero hacerlo», te animo a que busques apoyo.

Comprender lo que te motiva es un elemento esencial de la conciencia de ti mismo cuando intentas introducir nuevos hábitos o rutinas. Sin este conocimiento, se corre el riesgo de crear planes que podrían funcionar perfectamente para otra persona, pero que específicamente a ti no te ayudarán a seguirlos de una forma que te resulte natural. Con el tiempo, esta incongruencia te cansará hasta el punto de que el camino de menor resistencia —abandonar el hábito por completo— se convertirá en una fuerza demasiado poderosa como para resistirla.

COMPONENTE DOS: ACCIÓN

Es mucho mejor atreverse a cosas poderosas, a ganar triunfos gloriosos aunque estén jaspeados de fracasos, que tomar rango con esos pobres espíritus que no disfrutan mucho ni sufren mucho porque viven en el crepúsculo gris que no conoce ni la victoria ni la derrota.

THEODORE ROOSEVELT

El segundo componente que convierte las buenas intenciones en intencionalidad tal vez parezca obvio. Para ir más allá de meras buenas intenciones, tenemos que *hacer* algo. Sin embargo, a menudo, después de una experiencia inspiradora, volvemos a casa y, al igual que yo después de recibir mi certificación, no actuamos. Esto se conoce como lo que llamamos la brecha entre los valores y las acciones, es decir, entre lo que decimos que queremos hacer y lo que realmente hacemos. Los sociólogos han identificado esta brecha entre los valores y las acciones en todas partes, desde nuestros hábitos de ejercicio hasta nuestros hábitos de reciclaje. Un artículo académico sobre el tema, del Dr. Mark D. Faries, se titula «Why We Don't "Just Do It"» [«Por qué no cumplimos el famoso lema "solo hazlo"»].[8]

¿Por qué no simplemente hacemos lo que decimos que tenemos que hacer? Permítanme sugerir algunas posibles razones.

Primera barrera: Nos sentimos abrumados por la enormidad de la tarea. A veces no actuamos porque la tarea nos parece demasiado abrumadora. Cada vez que me siento así, a mi esposo le gusta recordarme ese viejo refrán trillado pero gracioso: «¿Cómo se llega a Roma? Paso a paso». Cuando lo dice, siempre me hace poner los ojos en blanco, pero no se puede negar su sabiduría. Empieza poco a poco. Divide la tarea en trozos manejables del tamaño de un bocado. Empieza por algún lado.

Considera la posibilidad de utilizar las preguntas de la «Primera Guía de Ruta» como punto de partida. No tomará mucho tiempo para que notes algún progreso. Andrew y Corrie hablan de una ocasión en la que dirigíamos juntos un evento por videollamada para padres en nuestra iglesia. Le di al grupo un tiempo de reflexión de diez minutos, pidiéndoles que reflexionaran sobre las preguntas de la sección «Soñar» en la sección «Arriba». Eran casi las nueve de la noche (bastante tarde para Corrie), y Andrew había tenido un día muy largo. Estuvieron tentados de disfrutar de diez minutos de silencio en su sofá. Pero, sobre todo por obligación hacia el grupo, se esforzaron por participar en el ejercicio a pesar del cansancio. En esos diez minutos, Dios les habló muy clara y profundamente sobre su hija Rowan. Se reunieron de nuevo con el grupo, visiblemente conmovidos, y compartieron cómo solo diez minutos de intencionalidad les permitieron lograr un avance significativo que no habrían experimentado de otro modo.

Así es como se llega a Roma.

Saca tu agenda o calendario por un momento. En serio, sujeta esta página con el dedo índice y toma tu teléfono con la otra mano. Estoy casi segura de que está a tu lado de todos modos.

Mira tu agenda para esta semana. ¿Puedes encontrar tres ratos de diez minutos para tomar la «Primera Guía de Ruta» y repasar las preguntas paso a paso? ¿Podrías repetirlo la semana siguiente?

Si repitieras este patrón durante un mes, estoy segura de que podrías identificar un puñado de prácticas factibles que se adapten a tus hijos y a tu vida, y que no te resulten abrumadoras en absoluto.

Segunda barrera: (Aún) sentimos que somos insuficientes. Otra razón por la que dudamos en vez de actuar es que seguimos sintiendo que no estamos a la altura de la tarea. Miramos a otros padres y no nos cuesta creer que ellos puedan hacerlo, pero pensamos que nosotros no. Nuestra mente toma la información que tenemos sobre esa otra familia, sean quienes sean —que sus hijos generalmente son limpios y se portan bien, que sus fotos de Instagram por lo general son bonitas— y rellenamos los espacios vacíos para formar una imagen de superpadres que lo tienen todo bajo control y saben exactamente qué hacer en todo momento.

Sin embargo, debes saber que esa clase de gente no existe. Todos estamos haciendo lo mejor que podemos. ¿Cuándo comenzaste a pensar que lo mejor de ti no es lo suficientemente bueno? Recuerda, Jesús lleva el arado contigo. Si un niñito que se lo entregó todo a Jesús pudo alimentar a cinco mil hombres con su almuerzo (sin contar mujeres y niños), ¿no debería esperarse que tus mejores intentos de discipulado puedan cambiar totalmente el curso de la vida de tus hijos?

Si esto es algo con lo que estás batallando, te animo a que pases algún tiempo hablando con Jesús sobre por qué te sientes así y prestes atención a todo lo que te diga.

Tercera barrera: Parece una tarea importante pero no urgente. Finalmente, el discipulado a veces cae en la categoría de «importante pero no urgente» de nuestras vidas. Lo valoramos, entendemos su importancia, pero hay miles de otras tareas más «urgentes» del día que lo empujan al final de nuestra lista. Charles Hummel acuñó la expresión «la tiranía de lo urgente» para describir esto. Con demasiada frecuencia no hemos permitido que el discipulado de nuestros hijos pase del terreno de las ideas al de nuestros calendarios o listas de tareas pendientes. ¿Qué podrías hacer esta semana para dejar espacio para el discipulado en medio de las muchas otras tareas «urgentes» de tu día?

La esencia de nuestro segundo componente es superar estas barreras y pasar a la acción concreta: hacer *algo* de manera proactiva, por más pequeño que sea.

TERCER COMPONENTE: APOYO

No hay poder de cambio mayor que el de una
comunidad que descubre lo que le importa.

MARGARET J. WHEATLEY, *TURNING TO ONE ANOTHER*

El último componente que nos ayuda a convertir las buenas intenciones en intencionalidad es el apoyo. En la medida que puedas, te animo a que busques una comunidad de amigos —tal vez en tu iglesia, tal vez un grupo de amigos que elijas— que caminen a tu lado, y te apoyen en este viaje, te escuchen, te desafíen, te compartan ideas y oren por ti. No puedo destacar lo suficiente cuán poderoso puede ser este tipo de apoyo al comenzar o continuar este viaje.

Si no sabes por dónde empezar, aquí tienes algunas ideas:

- Si formas parte de una comunidad de iglesia que incluye a otros padres con hijos en casa, tantea el terreno para ver si podría haber algún interés en reunirse para una conversación puntual sobre cómo ayudar a los niños a vivir a la manera de Jesús. Habla con tu pastor para ver si la iglesia puede ayudarte a promover esta reunión.

- Si una conversación puntual va bien, podrías convertirla en un pequeño grupo a corto plazo. Y si esa experiencia tiene éxito, es posible que hayas encontrado un Escuadrón de Padres. Establece un grupo de chat, un canal o un grupo de Facebook para continuar la conversación entre reuniones.

- Si no estás conectado a una iglesia, o si no hay muchos padres en tu iglesia, quizás podrías encontrar un solo amigo que se convierta en tu compañero de conversaciones. Mientras estás en el proceso de añadir algunos hábitos nuevos a tu vida, podrías considerar la posibilidad de establecer un contacto semanal o mensual con tu compañero.

Una de las mejores cosas que puedes hacer para convertir tus buenas intenciones en una intencionalidad duradera es encontrar a tu «escuadrón», ya sea un grupo formal o simplemente otro amigo que esté en las trincheras de la crianza y tan comprometido con el discipulado como tú.

SIGUE Y SIGUE Y SIGUE CONFIANDO EN JESÚS

Conocí a Chuck y Debbie VanEtten cuando estaba en la escuela secundaria. Durante un tiempo fui la niñera de sus tres hijos biológicos que en la actualidad son adultos. También tienen dos hijos adoptados de doce y catorce años. Además tienen siete nietos, y han acogido a muchos niños en la última década, incluyendo a un niño de cuatro años al que están cuidando actualmente. Los tres hermanos VanEtten adultos son seguidores de Jesús, así que me imaginé que Chuck y Debbie podrían tener algunas ideas sobre cómo discipular niños, y tenía razón. Estas son algunas palabras de aliento que quieren compartir con la próxima generación de padres.

Debbie dice: «Sé intencional. No esperes que tu iglesia se encargue de la mayor parte de la enseñanza de tus hijos acerca de

Seguimiento

Cristo. Comienza en el hogar». Chuck y Debbie fueron proactivos. Hicieron un plan y lo siguieron. Debbie guiaba a los niños a través de devocionales diarios durante el desayuno, oraban juntos por cada niño en sus camas por la noche (en voz alta para que los niños pudieran oír), mantenían un tiempo regular de cena en familia, y daban prioridad a las «citas» mensuales entre padre e hija y madre e hijo. También invitaron a sus hijos a la obra misionera, participando tanto en ministerios locales para las personas en situación de calle como en proyectos en el extranjero. Los VanEtten dieron la máxima prioridad al desarrollo espiritual de sus hijos.

Chuck dice: «Crea una cultura familiar fuerte, pero no uses eso como excusa para excluir al mundo de afuera». Cuando Jackie estaba en el primer año de la escuela secundaria, Chuck y Debbie decidieron intencionadamente ser «esa casa a la que todos los niños quieren venir». Tenían la nevera llena y se aseguraban de que los amigos de los niños supieran que eran bienvenidos en cualquier momento, y que la nevera estaba llena *para* ellos. Cuando los niños llegaron a la edad de conducir, Chuck cuenta que cuando volvía del trabajo, a veces no encontraba lugar para estacionarse en la entrada de su propia casa. Sin embargo, dice: «No me importaba. Les decía a sus amigos: "miren, si tienen que salir, no hagan que todos muevan sus coches, conduzcan por el césped. No estamos cuidando césped, estamos dedicados a la crianza"». La cultura de la familia VanEtten era muy fuerte, algunos incluso podrían decir que era estricta. Los chicos no podían tener citas hasta los dieciséis años, tenían reglas firmes y Chuck y Debbie «no daban el brazo a torcer». Sin embargo, no permitieron que esta cultura sólida se convirtiera en algo exclusivo o que mantuviera al resto del mundo a raya. Invitaron al resto del mundo a su casa, a su mesa, practicaron la hospitalidad y fueron ejemplo de la obra misionera junto a sus hijos.

Debbie dice: «Predica con el ejemplo. No se trata solo de decir "Tienes que hacer esto y tienes que hacer lo otro". Cuando hacíamos nuestros propios estudios bíblicos, lo hacíamos en la mesa de la cocina para que nuestros hijos vieran nuestra relación personal con Dios y vieran que era importante para nosotros». Describieron cómo le explicaban a los niños por qué no estaban disponibles en algún momento dado: «Lo siento, cariño, ahora no puedo ayudarte. Este es mi tiempo con Dios». Chuck y Debbie daban prioridad a su propia comunión personal con Dios todos los días.

Por último, Chuck dice: «Confía en Dios. Ora, ora y ¡sigue orando! Hemos sido increíblemente bendecidos, y se podría decir que «exitosos», pero no nos atribuimos el éxito a nosotros mismos. Seguramente hemos acertado en algunas cosas, pero seguimos dando gracias a Dios, porque no siempre las cosas van a ir tan bien —a veces no van a ir bien en absoluto—, pero solo tienes que confiar que el resultado está en manos de Dios. Confíale la vida de tus hijos a Dios y haz lo mejor que puedas con lo que Dios te ha dado. Los padres necesitan hacerles saber a sus hijos que no importa lo que sus hijos hagan, bien o mal, sus padres van a continuar confiando en Jesús. Y no importa hacia donde se desvíen sus hijos —y unos cuantos de ellos lo harán—, sus padres van a seguir y seguir —¡y seguir!— confiando en Jesús.

Llegar a animar a nuestros hijos cuando ellos estén criando a nuestros nietos a vivir a la manera de Jesús puede parecer un sueño lejano para la mayoría de nosotros, pero ese viaje comienza hoy. Es un viaje que comienza con pasos de bebé, tanto los de ellos como los nuestros. Empieza cuando aceptamos nuestra vocación de liderazgo espiritual. Empieza cuando reconocemos la obra de Dios en la vida de nuestros hijos y con la intencionalidad de ayudarlos a seguir el camino de Jesús en un mundo que no lo hace. Empieza con la decisión de seguir y seguir —¡y seguir!— confiando en Jesús.

Una oración del Libro de Oración Común[9]:

> Dios todopoderoso, Padre celestial, tú nos has bendecido con el gozo y el cuidado de nuestros hijos: Danos fortaleza serena y sabiduría paciente al criarlos, a fin de enseñarles a que amen todo cuanto es justo, verdadero y bueno, siguiendo el ejemplo de nuestro Salvador Jesucristo. Amén.

Y ahora una bendición:

> Que enseñes a tus hijos bien.
>
> Que abraces tu vocación santa de discipular a la próxima generación.
>
> Que los guíes con el ejemplo, creciendo siempre en tu propio amor por Jesús.
>
> Que reconozcas las conexiones con Dios que suceden inesperadamente.
>
> Que guíes a tus hijos con intencionalidad, creatividad y gozo.
>
> Que la cultura de tu familia sea ferozmente leal a Dios y abierta al mundo que Él ama.
>
> Que tus hijos se conviertan en discípulos resilientes de Jesús en un tiempo de la historia que lo necesita.
>
> Que tus oraciones por tus hijos sacudan los cielos.
>
> Que sigas y sigas confiando en Jesús.
>
> Que enseñes a tus hijos bien.
>
> Y que la bendición de Dios, Padre, Hijo y Espíritu Santo descanse sobre ti y sobre tus hijos, y sobre sus hijos, ahora y siempre.
>
> Amén.

PREGUNTAS PARA REFLEXIONAR

1. ¿Con cuál de las Cuatro Tendencias te identificas más? ¿De qué manera te servirá haber adquirido esta autoconciencia cuando empieces a poner en práctica tus planes?

2. ¿Hay algo que te impida dar el primer paso para llevar a cabo tus ideas? ¿Te sientes abrumado por la enormidad de la tarea? ¿Te sientes insuficiente? ¿Batallas con la «tiranía de lo urgente»? ¿Cuál es el siguiente paso que podrías dar para liberarte?

3. ¿Quién forma parte de tu escuadrón? ¿Cómo puedes involucrarlos y hacerlos parte de tu viaje de discipulado de una manera intencional? Si no tienes un escuadrón en este momento, ¿cuál es el siguiente paso que podrías tomar para comenzar a conectarte con otros para recibir apoyo?

4. ¿Qué has aprendido sobre Dios al leer y reflexionar sobre las ideas de este libro? ¿Y sobre ti mismo? ¿Y sobre tus hijos? Dedica un momento a orar dando gracias y pidiéndole ayuda a Dios para tus próximos pasos a partir de ahora.

Para líderes y pastores

1. ¿Qué impacto tiene tu Tendencia en tu liderazgo?

2. ¿Qué sistemas y estructuras de apoyo existen para los padres en tu iglesia? ¿Es necesario crear algo nuevo?

AGRADECIMIENTOS

A MAMÁ, PAPÁ Y BETSY, MI FAMILIA ORIGINAL: Todo lo que sé sobre este tema lo aprendí en la sala de discipulado de mi infancia. Qué regalo contar con ustedes como familia y como amigos queridos. A Anthony, mi nuevo y único hermano: ¡Qué alegría que te hayas unido a las filas! Mamá, te queremos y te echamos de menos todos los días. Desearía que hubieras podido tener este libro en tus manos, pero espero que ya lo estés disfrutando. En muchos sentidos, este es tu libro.

A Greg, que ha creído en mí más de lo que yo he creído en mí misma: eres mi héroe. El que me alienta, me anima, mi servicio privado de ayuda al escribir, el amor de mi vida. No podría pedir un compañero más considerado, alentador y semejante a Cristo que vaya a mi lado en la vida, en el ministerio y en la crianza de nuestros hijos. Gracias por ser el partero de este libro mientras yo daba a luz. Te amo.

A Noah y Silas, mis tesoros: ¡Los adoro! Son seres humanos verdaderamente excepcionales. Gracias por darme permiso de compartir estas historias sobre nuestra vida juntos, por animarme durante todo el proceso de escritura y por compartir conmigo sus viajes de fe. Me inspiran y me animan cada día, y estoy muy orgullosa de ser su mamá.

A Maureen Sharp y Shaun Marshall, que oyeron la voz del Señor antes que yo con respecto a este libro y tuvieron la valentía de abrir la boca: gracias por su ministerio de aliento profético en mi vida y por la generosidad que han demostrado al compartir sus dones conmigo.

A Jenna y Michael Clouse, y a Andrew y Corrie Mook, que mejoraron este libro con sus aportes y sugerencias: este libro, y mi vida, no serían lo mismo sin ustedes. Y también a Adam Croft y al grupo de los Applesauce Pigs, que son el tipo de amigos que la gente ora tener. Lo sé porque yo lo hice.

Y, por último, a Al Hsu y a todo el equipo de InterVarsity Press: gracias por creer en este proyecto y por todo su arduo trabajo para ayudarme a hacerlo realidad.

Con todo mi amor,
Sarah / Mamá

Apéndice A
PRIMERA GUÍA DE RUTA

NOMBRE DEL NIÑO:
EDAD:
ETAPA DE FE:

ARRIBA: ESTAR CON JESÚS

Soñar
Medita en lo que hay en el corazón y en la imaginación de Dios para tu hijo.

- ¿Qué te está diciendo Dios sobre tu hijo y lo que Él desea para él?

- ¿Cómo describirías lo que Dios sueña y desea sobre cómo podría ser su relación con tu hijo?

- ¿Qué es lo principal que quieres que tu hijo aprenda o sepa sobre Dios este año?

Evaluar la realidad

Ten en cuenta la edad, la etapa y la personalidad de tu hijo, así como tus circunstancias familiares.

- ¿Qué te parece significativo en la etapa de fe de tu hijo a la hora de considerar la dirección Arriba?

- Teniendo en cuenta los intereses y la personalidad de tu hijo, las rutinas y ritmos existentes, las circunstancias actuales y las experiencias pasadas, las limitaciones externas y las relaciones contigo y con los demás,
    - ¿Qué cosas tienes a tu favor que puedan ser relevantes?

    - ¿A qué retos te enfrentas que puedan ser relevantes?

Generar ideas

Nombra algunas prácticas, ejercicios y ritmos que puedan llevar a cabo de manera realista.

- ¿Cuáles son algunas prácticas que podrían ayudar a cultivar el fruto que anhelas ver este año?

- ¿Cómo podrías maximizar algunas de las cosas que ya tienes a tu favor?

- ¿Cómo podrías minimizar algunos de los retos que estás experimentando?

Comprometerse
Comprométete solo a cosas que estén dentro de tu Círculo de Influencia y que sean realistas para ti.
- ¿A qué estás dispuesto a comprometerte?

Mis objetivos de oración y formación
- ¿Cómo vas a orar por lo anterior? Sé concreto. Con qué frecuencia, durante cuánto tiempo, etc.

- Escribe aquí tus objetivos de oración:

- ¿Qué deberá cambiar en tu propia vida y en tu andar con Jesús para guiar a tu hijo a través de lo anterior? Sé específico. ¿Cómo cuidarás tu propio crecimiento en esta área? Escribe aquí tus objetivos de formación:

ADENTRO: LLEGAR A SER COMO JESÚS

Soñar
Accede al corazón y a la imaginación de Dios para tu hijo.

- ¿Cómo sientes que Dios invita a tu hijo a crecer este año?

- ¿Qué fruto del Espíritu crees que Dios quiere desarrollar en tu hijo este año?

- (Para niños mayores) ¿Qué patrones o hábitos está Dios invitando a tu hijo a abandonar este año?

Evaluar la realidad

Ten en cuenta la edad, la etapa y la personalidad de tu hijo, así como tus circunstancias familiares.

- ¿Qué te parece significativo en la etapa de fe de tu hijo a la hora de considerar la dirección Adentro?

- Teniendo en cuenta los intereses y la personalidad de tu hijo, las rutinas y ritmos existentes, las circunstancias actuales y las experiencias pasadas, las limitaciones externas y las relaciones contigo y con los demás,
  - ¿Qué cosas tienes a tu favor que puedan ser relevantes?

  - ¿A qué retos te enfrentas que puedan ser relevantes?

Generar ideas

Nombra algunas prácticas, ejercicios y ritmos que puedan llevar a cabo de manera realista.

- ¿Cuáles son algunas prácticas que podrían ayudar a cultivar el fruto que anhelas ver este año?

- ¿Cómo podrías maximizar algunas de las cosas que ya tienes a tu favor?

- ¿Cómo podrías minimizar algunos de los retos que estás experimentando?

Comprometerse

Comprométete solo a cosas que estén dentro de tu Círculo de Influencia y que sean realistas para ti.

- ¿A qué estás dispuesto a comprometerte?

Mis objetivos de oración y formación

- ¿Cómo vas a orar por lo anterior? Sé concreto. Con qué frecuencia, durante cuánto tiempo, etc.

- Escribe aquí tus objetivos de oración:

Apéndice A 237

- ¿Qué deberá cambiar en tu propia vida y en tu andar con Jesús para guiar a tu hijo a través de lo anterior? Sé específico. ¿Cómo cuidarás tu propio crecimiento en esta área? Escribe aquí tus objetivos de formación:

AFUERA: HACER LO QUE JESÚS HIZO

Soñar
Accede al corazón y a la imaginación de Dios para tu hijo.

- ¿Qué tipo de postura está Dios invitando a tu hijo a desarrollar hacia el mundo que lo rodea?

- ¿Hay algún contexto particular (amistades, vecindario, escuela, local, global, etc.) en el que sientes que Dios está invitando a tu hijo a crecer en su compromiso?

Evaluar la realidad
Ten en cuenta la edad, la etapa y la personalidad de tu hijo, así como tus circunstancias familiares.

- ¿Qué te parece significativo en la etapa de fe de tu hijo a la hora de considerar la dirección Afuera?

- Teniendo en cuenta los intereses y la personalidad del niño, las rutinas y ritmos existentes, las circunstancias actuales y las experiencias pasadas, las limitaciones externas y las relaciones contigo y con los demás,

  - ¿qué cosas tienes a tu favor que puedan ser relevantes?

  - ¿A qué retos te enfrentas que puedan ser relevantes?

Generar ideas
Nombra algunas prácticas, ejercicios y ritmos que puedan llevar a cabo de manera realista.

- ¿Cuáles son algunas prácticas que podrían ayudar a cultivar el fruto que anhelas ver este año?

- ¿Cómo podrías maximizar algunas de las cosas que ya tienes a tu favor?

- ¿Cómo podrías minimizar algunos de los retos que estás experimentando?

Comprometerse
Comprométete solo a cosas que estén dentro de tu Círculo de Influencia y que sean realistas para ti.
- ¿A qué estás dispuesto a comprometerte?

Mis objetivos de oración y formación
- ¿Cómo vas a orar por lo anterior? Sé concreto. Con qué frecuencia, durante cuánto tiempo, etc.

- Escribe aquí tus objetivos de oración:

- ¿Qué deberá cambiar en tu propia vida y en tu andar con Jesús para guiar a tu hijo a través de lo anterior? Sé específico. ¿Cómo cuidarás tu propio crecimiento en esta área? Escribe aquí tus objetivos de formación:

CON: SEGUIR JUNTOS A JESÚS

Soñar
Accede al corazón y a la imaginación de Dios para tu hijo.

- ¿De qué manera sientes que Dios está invitando a tu hijo a la comunidad y al compromiso con la comunidad de la iglesia en general?

- ¿De qué tipo de comunidad espiritual deseas que forme parte tu hijo?

- (Para niños mayores) ¿Qué clase de amigo invita Dios a tu niño a convertirse este año?

Evaluar la realidad
Ten en cuenta la edad, la etapa y la personalidad de tu hijo, así como tus circunstancias familiares.

- ¿Qué te parece significativo en la etapa de fe de tu hijo a la hora de considerar la dirección Con otros?

- Teniendo en cuenta los intereses y la personalidad de tu hijo, las rutinas y ritmos existentes, las circunstancias actuales y las experiencias pasadas, las limitaciones externas y las relaciones contigo y con los demás,
  - ¿qué cosas tienes a tu favor que puedan ser relevantes?

  - ¿A qué retos te enfrentas que puedan ser relevantes?

Generar ideas
Nombra algunas prácticas, ejercicios y ritmos que puedan llevar a cabo de manera realista.

- ¿Cuáles son algunas prácticas que podrían ayudar a cultivar el fruto que anhelas ver este año?

- ¿Cómo podrías maximizar algunas de las cosas que ya tienes a tu favor?

- ¿Cómo podrías minimizar algunos de los desafíos que estás experimentando?

Comprometerse
Comprométete solo a cosas que estén dentro de tu Círculo de Influencia y que sean realistas para ti.

- ¿A qué estás dispuesto a comprometerte?

Mis objetivos de oración y formación

- ¿Cómo vas a orar por lo anterior? Sé concreto. Con qué frecuencia, durante cuánto tiempo, etc.

- Escribe aquí tus objetivos de oración:

- ¿Qué deberá cambiar en tu propia vida y en tu andar con Jesús para guiar a tu hijo a través de lo anterior? Sé específico. ¿Cómo cuidarás tu propio crecimiento en esta área? Escribe aquí tus objetivos de formación:

Apéndice B
GUÍA DE RUTA FAMILIAR

Soñar

Medita en lo que hay en el corazón y en la imaginación de Dios para tu familia.

- ¿Qué te está diciendo Dios sobre tu familia y lo que Él desea para ella?

- ¿Cómo describirías lo que Dios sueña y desea para tu familia mientras caminan con Él este año?

- ¿Cuáles son tus principales objetivos para la vida espiritual de tu familia este año?

Evaluar la realidad

Ten en cuenta tus circunstancias familiares.

- Teniendo en cuenta la edad de tus hijos, las rutinas y ritmos existentes, las circunstancias actuales, las limitaciones externas, etc.,
  - ¿qué cosas tienes a tu favor que puedan ser relevantes?

  - ¿A qué retos te enfrentas que puedan ser relevantes?

Generar ideas

Nombra algunas prácticas, ejercicios y ritmos que puedan llevar a cabo de manera realista.

- ¿Cuáles son algunas prácticas que podrían ayudar a cultivar el fruto que anhelas ver este año?

- ¿Cómo podrías maximizar algunas de las cosas que ya tienes a tu favor?

- ¿Cómo podrías minimizar algunos de los retos que estás experimentando?

Comprometerse
Comprométete solo a cosas que estén dentro de tu Círculo de Influencia y que sean realistas para ti.
- ¿A qué estás dispuesto a comprometerte?

Mis objetivos de oración y formación
- ¿Cómo vas a orar por lo anterior? Sé concreto. Con qué frecuencia, durante cuánto tiempo, etc.

- Escribe aquí tus objetivos de oración:

- ¿Qué deberá cambiar en tu propia vida y en tu andar con Jesús para guiar a tu familia a través de lo anterior? Sé específico. ¿Cómo atenderás tu propio crecimiento en esta área? Escribe aquí tus objetivos de formación:

NOTAS

INTRODUCCIÓN
[1] Ver https://sarahcowanjohnson.com/parents-cohort [este enlace redirige a contenido en inglés].

1. LA MALA NOTICIA
[1] Kara E. Powell y Chap Clark, *Sticky Faith: Everyday Ideas to Build Lasting Faith in Your Kids* (Grand Rapids, MI: Zondervan, 2011), 15-16, 213-14.
[2] Mark Sayers, *Disappearing Church: From Cultural Relevance to Gospel Resilience* (Chicago: Moody, 2016).
[3] Barna Group, «The Most Post-Christian Cities in America 2019», 5 de junio de 2019, www.barna.com/research/post-christian-cities-2019/ [enlace en inglés].
[4] Aaron Niequist, *The Eternal Current: How a Practice-Based Faith Can Save Us from Drowning* (Nueva York: Waterbrook, 2018), 94.
[5] R. Robertson y Martín Scharenberg, La confesión de fe de Westminster (Buenos Aires: Fraternidad Reformada Argentina, 2001), consultado y extraído el 25 de agosto de 2024 de https://www.ipsa.org.ar/descargas/pdf%20sin%20clave/PRESBITERIANOS%20Confesion%20de%20Fe%20y%20Catecismo%20Menor%20-%20Espanol.pdf.
[6] J. I. Packer y Gary Parrett, *Grounded in the Gospel: Building Believers the Old-Fashioned Way* (Grand Rapids, MI: Baker, 2010), 72.
[7] Powell y Clark, *Sticky Faith*, 32.
[8] Fuller Youth Institute, «What is Sticky Faith?», consultado el 17 de diciembre de 2021, https://fulleryouthinstitute.org/stickyfaith [enlace en inglés].

2. UN POCO DE LEVADURA
[1] Jon Tyson y Heather Grizzle, *A Creative Minority: Influencing Culture through Redemptive Participation* (autoeditado, 2016), 13.
[2] Jon Tyson, citado por Open Door Ohio Church, «The Church as a Creative Minority», 21 de mayo de 2018.

³Para más información sobre este tema, recomiendo James Choung y Ryan Pfeiffer, *Longing for Revival: From Holy Discontent to Breakthrough Faith* (Downers Grove, IL: InterVarsity Press, 2020).
⁴Stephen R. Covey, *The 7 Habits of Highly Effective People: Powerful Lessons in Personal Change* (Nueva York: Free Press, 2004), 81-85.
⁵Michael Clouse, conversación con la autora, 24 de mayo de 2021.

3. LA BUENA NOTICIA

¹David Briggs, «Parents are Top Influence in Teens Remaining Active in Religion as Young Adults», *The Christian Century*, 5 de noviembre de 2014, www.christiancentury.org/article/2014-11/parents-no-1-influence-teens-remaining-religiously-active-young-adults. Ver también Christian Smith, *Souls in Transition: The Religious and Spiritual Lives of Emerging Adults* (Nueva York: Oxford University Press, 2009), 220-24.
²Que no te engañe mi amor por los gráficos: no he planificado las comidas ni un solo día de mi vida, detesto las limitaciones de los horarios rígidos, y mi bolso de trabajo es un caos de auriculares enredados y notas adhesivas arrugadas. Si conocer mi tipo de Myers-Briggs te ayuda a entender mi punto de vista, mi perfil es ESFP. Y para los entusiastas del Eneagrama, soy 2w3. Una de mis recopilaciones favoritas de gráficos elegantes y esclarecedores es *Theologygrams*, de Rich Wyld (Downers Grove, IL: InterVarsity Press, 2017).
³Os Guinness, *The Call: Finding and Fulfilling the Central Purpose of Your Life* (Nashville: Thomas Nelson, 2003), 61.

4. DISCIPULADO RECEPTIVO

¹Además de ser un término agrícola, la palabra *yugo* (ζυγός en el texto) había llegado a utilizarse en el judaísmo del siglo I como metáfora de la interpretación y aplicación de la Torá por parte de un rabino. El hecho de que Jesús era probablemente consciente de esta metáfora y que haya aludido a ella no cambia la verdad literal básica a la que se refiere.
²Adaptado de Mike Breen y 3DM International, *Building a Discipleship Culture* (Greenville, SC: 3DM International, 2014). Disponible en español como Mike Breen y 3DM International, *Construyendo una cultura de discipulado* (Greenville, SC: 3DM International, 2015).
³Corrie Mook, entrevista con la autora, 5 de noviembre de 2021.
⁴El término *evangélico* se usa con diferentes significados en estos días. En este contexto estoy distinguiendo entre el significado original de la palabra —perteneciente al evangelio de Jesús— y las otras asociaciones que ha llegado a adquirir en términos políticos (por ejemplo, el «voto evangélico»). A partir de ahora, cuando utilice el término *evangélico*, me

referiré a la corriente de la iglesia que, surgida de la Reforma protestante, ha valorado históricamente el testimonio, la salvación personal y la autoridad de las Escrituras.

[5]A. W. Tozer, *The Knowledge of the Holy* (New York: HarperCollins, 1978), 1. Disponible en español como A. W. Tozer, *El conocimiento del Dios santo* (Deerfield, FL: Editorial Vida, 1996).

5. CORAZONES SUCIOS Y LA ANSIEDAD DE ASLAN

[1]Hallie Cowan, correspondencia personal con la autora, 18 de febrero de 2021.

[2]Lisa Olson, correspondencia personal con la autora, 2 de noviembre de 2021.

[3]Hope Muller, correspondencia personal con la autora, 6 de noviembre de 2021.

[4]Jared Patrick Boyd, *Imaginative Prayer: A Yearlong Guide for Your Child's Spiritual Formation* (Downers Grove, IL: InterVarsity Press, 2017).

[5]Corrie Mook, entrevista con la autora, 5 de noviembre de 2021.

[6]Corrie Mook, entrevista con la autora, 5 de noviembre de 2021.

6. DISCIPULADO PROACTIVO

[1]Hallie Cowan, correspondencia personal con la autora (consultada después de su fallecimiento), 29 de marzo de 2021.

[2]Jason Gaboury, entrevista con la autora, 26 de octubre de 2021.

[3]El término «cristiano» incluye las categorías cristiano, protestante evangélico, protestante de las denominaciones principales y católico.

[4]Pew Research Center, «U.S. Teens Take After Their Parents Religiously, Attend Services Together and Enjoy Family Rituals», 10 de septiembre de 2020, www.pewforum.org/2020/09/10/u-s-teens-take-after-their-parents-religiously-attend-services-together-and-enjoy-family-rituals/ y www.pewforum.org/2020/09/10/what-do-parents-want-for-their-teens/.

[5]Richard Foster, *Celebration of Discipline: The Path to Spiritual Growth* (San Francisco: Harper Collins, 1978), 8. Disponible en español como Richard Foster, *Celebración de la disciplina: Hacia una vida espiritual más profunda* (Peniel, 2009).

[6]Aaron Niequist, *The Eternal Current: How a Practice-Based Faith Can Save Us from Drowning* (Nueva York: Waterbrook, 2018), 4.

6¾. UNA INTRODUCCIÓN A JOHN WESTERHOFF

[1]Visita www.instagram.com/stories/highlights/18045128116213768/ o www.instagram.com/sarahcowanjohnson/.

7. EDADES DE 0 A 6 AÑOS

[1] Cory Morgan, conversación personal y correspondencia con la autora, 8-12 de noviembre de 2021.

[2] Si no conoces los recursos de Slugs and Bugs y tienes pequeños en casa, échales un vistazo en https://slugsandbugs.com/ [enlace en inglés].

[3] John Westerhoff, *Will Our Children Have Faith?* (Harrisburg, PA: Morehouse, 2000), 91.

8. EDADES DE 7 A 11 AÑOS

[1] Con base en lo que estamos aprendiendo acerca de la influencia de los padres, así como de las necesidades de los niños en edad de la fe por vínculos, la iglesia Sanctuary Church ha comenzado a cambiar nuestra programación para este grupo de edad, pasando de las estructuras centradas en los voluntarios de los domingos a ofrecer espacios adicionales entre semana con una mayor participación por parte de los padres.

[2] Jenna Clouse, correspondencia personal con la autora, 8 de noviembre de 2021.

[3] Laura DiPilato, correspondencia personal con la autora, 8 de noviembre de 2021.

[4] Kevin y Corinne Fischer, correspondencia personal con la autora, 8 de noviembre de 2021.

[5] John Westerhoff, *Will Our Children Have Faith?* (Harrisburg, PA: Morehouse, 2000), 91-92.

[6] Visita bibleproject.com para conocer más de este recurso, y su página en español proyectobiblia.com.

[7] Kara E. Powell y Chap Clark, *Sticky Faith: Everyday Ideas to Build Lasting Faith in Your Kids* (Grand Rapids, MI: Zondervan, 2011), 101.

[8] Westerhoff, *Will Our Children Have Faith?*, 92.

[9] Matt Atwood, entrada del diario, 23 de mayo de 2020.

9. EDADES DE 12 A 18 AÑOS Y MÁS

[1] Julian, entrevista con la autora, 26 de octubre de 2010.

[2] Rick Jakubowski, entrevista con la autora, 26 de octubre de 2021.

[3] Jason Gaboury, entrevista con la autora, 26 de octubre de 2021.

[4] Julian, entrevista con la autora, 26 de octubre de 2021.

[5] Jason Gaboury, «What do you do when someone you love has a crisis of faith?». Facebook, 4 de junio de 2021, www.facebook.com/505441676/posts/10158774306646677/?d=n [enlace en inglés].

[6] Lily se ha convertido en una parte muy importante de la historia de nuestra familia. De hecho, uno de los significados del nombre Silas es «el

tercero». Si eres una de las innumerables familias que han experimentado un aborto espontáneo o la pérdida de un bebé, debes saber que tú y tus bebés son valorados y profundamente amados por Dios.

[7]Gordon T. Smith, *Beginning Well: Christian Conversion and Authentic Transformation* (Downers Grove, IL: InterVarsity Press, 2001), 174.

10. CÓMO UTILIZAR LA 'PRIMERA GUÍA DE RUTA'

[1]Recientemente he cambiado la forma de hacer esta pregunta, para reforzar la idea de que nuestros trabajos y carreras no nos definen. En lugar de preguntarle a un niño: «¿Qué quieres *ser* cuando seas mayor?», prueba con «¿Qué quieres *hacer* cuando seas mayor?».

[2]Este es mi resumen de tres adaptaciones: «A Circle of Sensibility» de Urban T. Holmes III, *A History of Christian Spirituality* (Nueva York: Seabury, 1980); Corinne Ware, *Discover Your Spiritual Type: A Guide to Individual and Congregational Growth* (Lanham, MD: Rowman & Littlefield, 2014); y Martha Ainsworth, «Are You a Contemplative?» metanoia.org, 1999, https://metanoia.org/martha/writing/spiritualtype.htm.

[3]Tradicionalmente, la palabra *mística* describe un tipo de espiritualidad que busca alcanzar la unión con Dios más que, por ejemplo, un mayor conocimiento de Dios.

[4]Northumbria Community, «Why Do We Need a Rule?». Consultado el 17 de junio de 2021, www.northumbriacommunity.org/who-we-are/our-rule-of-life/ why-do-we-need-a-rule/.

11. LLÉVATE ESTAS IDEAS

[1]Joseph Grenny, *Influencer: The New Science of Leading Change* (Nueva York: McGraw Hill, 2013), 62.

[2]Deborah Ondrasik, correspondencia personal con la autora, 10 de junio de 2021.

[3]Andrew Mook, entrevista con la autora, 15 de mayo de 2021.

[4]Ver sarahcowanjohnson.com/lent [enlace en inglés].

[5]Deborah Ondrasik, correspondencia personal con la autora, 10 de junio de 2021.

[6]Deborah Ondrasik, correspondencia personal con la autora, 10 de junio de 2021.

[7]Lauren Watka Atwood, correspondencia personal con la autora, 18 de mayo de 2021.

[8]Lauren Watka Atwood, correspondencia personal con la autora, 18 de mayo de 2021.

Mi madre llamaba «refrigerio» a la comida de la noche [*supper*], un distintivo lingüístico que no pasó a la siguiente generación. En Nueva Inglaterra, llamamos a esa comida «cena» [*dinner*].

⁹Matt Atwood, correspondencia personal con la autora, junio de 2021.
¹⁰Val y Geoff Gordon, entrevista con la autora, 5 de noviembre de 2021.
¹¹Don Everts, Doug Schaupp y Val Gordon, «Appendix E: Practical Challenges from the Putting-It-Into-Action Group», en *Breaking the Huddle: How Your Community Can Grow Its Witness* (Downers Grove, IL: InterVarsity Press, 2016), https://ivpress.com/Media/Default/Press-Kits/4491-supplement.pdf [enlace en inglés].
¹²Ryan Marshall, correspondencia personal con la autora, 14 de junio de 2021.

12. SEGUIMIENTO

¹Gretchen Rubin, *Better than Before: What I Learned About Making and Breaking Habits—to Sleep More, Quit Sugar, Procrastinate Less, and Generally Build a Happier Life* (Nueva York: Crown, 2015), 15.
²Rubin, *Better than Before*, 18.
³Rubin, *Better than Before*, 18.
⁴Rubin, *Better than Before*, 19.
⁵Rubin, *Better than Before*, 19.
⁶Rubin, *Better than Before*, 21.
⁷Rubin, *Better than Before*, 23.
⁸Mark D. Faries, «Why We Don't 'Just Do It': Understanding the Intention-Behavior Gap in Lifestyle Medicine», *American Journal of Lifestyle Medicine* 10, no. 5 (septiembre/octubre de 2016): 322-29, https://doi.org/10.1177/1559827616638017.
⁹*El Libro De Oración Común: Administración de los Sacramentos y otros Ritos y Ceremonias de la Iglesia Junto con el Salterio o Salmos de David Conforme al uso de La Iglesia Episcopal* (Nueva York: Church Publishing Incorporated, 1989), 718.

BIBLIOGRAFÍA

Ainsworth, Martha. «Are You a Contemplative?» metanoia.org, 1999. https://metanoia.org/martha/writing/spiritualtype.htm.

Barna Group. «The Most Post-Christian Cities in America 2019». 5 de junio de 2019. www.barna.com/research/post-christian-cities-2019/.

Bayton, Mandy. «How to Live in the Tension and Grace of the Liminal Space». *Christian Today*, 18 de mayo de 2018. www.christiantoday.com/article/how-to-live-in-the-tension-and-grace-of-the-liminal-space/129256.htm.

Boyd, Jared Patrick. *Imaginative Prayer: A Yearlong Guide for Your Child's Spiritual Formation*. Downers Grove, IL: InterVarsity Press, 2017.

Breen, Mike y 3DM International. *Building a Discipleship Culture*. Greenville, SC: 3DM International, 2014.

Briggs, David. «Parents are Top Influence in Teens Remaining Active in Religion as Young Adults». *The Christian Century*, 5 de noviembre de 2014. www.christiancentury.org/article/2014-11/parents-no-1-influence-teens-remaining-religiously-active-young-adults.

Choung, James y Ryan Pfeiffer. *Longing for Revival: From Holy Discontent to Breakthrough Faith*. Downers Grove, IL: InterVarsity Press, 2020.

Covey, Stephen R. *The 7 Habits of Highly Effective People: Powerful Lessons in Personal Change*. Nueva York, NY: Free Press, 2004.

Everts, Don, Doug Schaupp y Val Gordon. *Breaking the Huddle: How Your Community Can Grow Its Witness*. Downers Grove, IL: InterVarsity Press, 2016.

Faries, Mark D. «Why We Don't 'Just Do It': Understanding the Intention-Behavior Gap in Lifestyle Medicine». *American Journal of Lifestyle Medicine* 10, no. 5 (septiembre/octubre 2016): 322-29. https://doi.org/10.1177/1559827616638017.

Foster, Richard. *Celebration of Discipline: The Path to Spiritual Growth*. San Francisco, CA: Harper Collins, 1978.

Fuller Youth Institute. «What is Sticky Faith?» Consultado el 17 de diciembre de 2021. https://fulleryouthinstitute.org/stickyfaith.

Grenny, Joseph y Kerry Patterson, David Maxfield, Ron McMillan, Al Switzler. *Influencer: The New Science of Leading Change*. Nueva York, NY: McGraw Hill, 2013.

Guinness, Os. *The Call: Finding and Fulfilling the Central Purpose of Your Life*. Nashville, TN: Thomas Nelson, 2003.

Niequist, Aaron. *The Eternal Current: How a Practice-Based Faith Can Save Us from Drowning*. Nueva York, NY: Waterbrook, 2018.

Open Door Ohio Church. «The Church as a Creative Minority», 21 de mayo de 2018.

Packer, J. I., y Gary Parrett. *Grounded in the Gospel: Building Believers the Old-Fashioned Way*. Grand Rapids, MI: Baker, 2010.

Pew Research Center. «U.S. Teens Take After Their Parents Religiously, Attend Services Together and Enjoy Family Rituals». 10 de septiembre de 2020. www.pewforum.org/2020/09/10/u-s-teens-take-after-their-parents-religiously-attend-services-together-and-enjoy-family-rituals/ y www.pewforum.org/2020/09/10/what-do-parents-want-for-their-teens/.

Powell, Kara E., y Chap Clark. *Sticky Faith: Everyday Ideas to Build Lasting Faith in Your Kids*. Grand Rapids, MI: Zondervan, 2011.

Robertson, R. y Martín Scharenberg, *La confesión de fe de Westminster* (Buenos Aires: Fraternidad Reformada Argentina, 2001), extraído de www.ipsa.org.ar/descargas/pdf%20sin%20clave/PRESBITERIANOS%20Confesion%20de%20Fe%20y%20Catecismo%20Menor%20-%20Espanol.pdf.

Rubin, Gretchen. *Better than Before: What I Learned About Making and Breaking Habits—to Sleep More, Quit Sugar, Procrastinate Less, and Generally Build a Happier Life*. Nueva York, NY: Crown, 2015.

Sayers, Mark. *Disappearing Church: From Cultural Relevance to Gospel Resilience*. Chicago, IL: Moody, 2016.

Smith, Christian. *Souls in Transition: The Religious and Spiritual Lives of Emerging Adults*. Nueva York, NY: Oxford University Press, 2009.

Sager, Alan. *Gospel-Centered Spirituality: An Introduction to Our Spiritual Journey*. Minneapolis, MN: Augsburg Fortress, 1990.

Smith, Gordon T. *Beginning Well: Christian Conversion and Authentic Transformation*. Downers Grove, IL: InterVarsity Press, 2001.

Tozer, A. W. *The Knowledge of the Holy*. New York, NY: HarperCollins, 1978.

Tyson, Jon y Heather Grizzle. *A Creative Minority: Influencing Culture through Redemptive Participation*. Autoeditado, 2016.

Ware, Corinne. *Discover Your Spiritual Type: A Guide to Individual and Congregational Growth*. Lanham, MD: Rowman & Littlefield, 2014.

Westerhoff, John. *Bringing Up Children in the Christian Faith*. Minneapolis, MN: Winston, 1980.

Westerhoff, John. *Will Our Children Have Faith?* Harrisburg, PA: Morehouse, 2000.

www.ingramcontent.com/pod-product-compliance
Lightning Source LLC
Chambersburg PA
CBHW020402080526
44584CB00014B/1137